向自己宣戰

人間萬事 5 道德觀

星雲大師 著

【總序】

生命的萬花筒

星雲

「人間萬事」是我繼「迷悟之間」、「星雲法語」之後，在《人間福報》第三個三年執筆撰寫的頭版專欄。所謂「人間萬事」，顧名思義，舉凡人世間的林林總總，包括人情、人性、人心的善惡、好壞之探討，家庭、社會、世間的問題、現象之分析，宇宙、人生、生命的真理、奧妙之窮究……等。

新的一年，「人間萬事」也要結集出版了。香海文化執行長蔡孟樺小姐將這些文章收錄編輯，發現全套書如同「生命的萬花筒」，可用來解讀人生，透見生命的密碼，所以分別以：人我觀、價值觀、人生觀、生活觀、道德觀、社會觀、倫理觀、時空觀、歷史觀、生死觀、生命觀、修持觀，輯為十二冊，期能引導讀者以佛法慧心，欣賞萬花筒般的人間，處處有善美勝景。

世人常說，生命是一門艱深難懂的學問，但是儘管生命深奧難懂，分析起來不外乎「生」與「死」兩個課題。生命的價值就是「愛」，生命的意義就是「惜」。有愛，就有生命；有愛，就有生機；有愛，就有存在；有愛，就有延續。生命不是出生以後才有，也不是死亡就算結束；生命是無始無終，生命是無內無外。生命是活力，是活用，是活動；生命要用活動、活力、活用來跟大眾建立相互的關係。

現在的社會人生，就是一個萬花筒。人有賢愚不肖，有貧富貴賤，有高矮胖瘦，有男女老少，有各種臉孔；事有大事、小事、善事、惡事、家事、國事；社會上有各種社團、各種活動、各種學校、各種語言、各種商店、各種產品……，仔細觀察，真如一個萬花筒，讓人看得眼花撩亂。

由於我們智慧有限，觀察力不夠，對萬花筒裡的社會人生，常常看得意亂情迷，隨波逐流，看不到一個真實的面目，所以，希望藉由《人間萬事》這套書的出版，觀照人世間的林林總總，找到自己真實的人生。

《人間萬事》有理、有事，有知識、有趣聞，有隱喻、有明示，有現象的分析、有問題的探討，希望藉由不同面向的思考，對各種問題的產生，提供另類的看法與正確的新觀念。撰寫這些短文時，無非希望能具體而微的刻畫出人間萬象與眾生實相，就一些世間的問題，引導大眾在談笑風生之餘，進而深思人生的哲理、探討人生的問題，繼而找出突破困境的方法。

承蒙聯合報顧問張作錦先生，知名學者閻崇年教授、陳怡安教授、林水福教授、鄭石岩教授，知名作家游乾桂先生、李偉文先生、歐銀釧小姐、林良先生、謝鵬雄先生、黃春明先生，及歐宗智校長，為此套書寫序，一併在此致謝。

是為序。

二〇〇九年一月十五日於佛光山開山寮

【推薦序】

智慧的種子

歐銀釧

《人間萬事》是星雲大師連載於《人間福報》頭版的專欄。從生命的萬花筒解析人生，看見生命的真相。字字如陽光種子，落在心田。

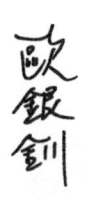

「心田」，星雲大師說得好：「人心如田地：有的人心如大地般空曠寬廣，而且肥沃如良田，我們的一事、一言種植在他的田地上，未來必能產生很多善美的果實。」

心如一畝田地，良地種出善美果實。農人種田，雜草、害蟲、沙石都會影響作物的生長。心田也是一樣，《華嚴經》上說：「心如工畫師，能畫種種物。」心的作用力很強，如同星雲大師所言，「世間最大的敵人，不是別人，而是自己。敵人躲藏在我們的心裡，在我們的思想中。」

向心田省視自己，走進心裡，走進心田，看看自己灑了什麼樣的種子，種了什麼樣的田？

「三界唯心，萬法唯識」。星雲大師寫道：「我們的心在一天當中，時而上天堂，時而入地獄；時而希聖希賢，時而愚癡顛倒。古人說：「一室之不治，何以天下國家為？」其實，一心之不治，一生亦難有可為之事。」

閱讀《人間萬事》，行旅星雲大師的智慧文字間，來到佛經面前。大師說：「佛經比喻我們的身體就像一個村莊，裡面住了「眼耳鼻舌身心意」六個人，心是主人，心好，則領導眼耳鼻舌身廣行善事；心壞，五根也會隨之為惡。」

人生行旅，行走自己心田，一不小心就誤播錯誤種子，錯入迷霧中，找不到出口，「人生最要突破的是內心的貪瞋邪見，所以要點起心靈的燈光，才能驅除黑暗。」

書頁間，星雲大師的文字如一盞心燈，照見路途。

「心，是人的主宰，一個好人，必定從心好做起；一個壞人，也必定由心壞而擾亂。因此，古代的聖賢都鼓勵人要「回心轉意」，能夠心向佛道，發慈悲心，捨棄惡念，豈不善哉。」

這些從生活中出發的文字，帶著慈悲與智慧。故事中有故事，書中有書，星雲大師信手拈來，處處見蓮花。

「我們的心也如虛，有著無窮的寶藏，我們要經過開發，才能找到寶藏。我們的心也如大地，埋藏了無限的寶藏，懂得開發心地，才能讓寶藏出土。」星雲大師的智慧之光，從書裡傳來。

世界在變，從台灣乃至全球，社會問題和國際紛爭，都因為個人或領導人的心田而生。如大師所言，讓我們仔細看看住在我們心中的六人：眼耳鼻舌身心意。讓我們回到內心，巡田。

小時候，我的外公常帶著我去「巡田」，看看田裡的農作物生長的情況。

「為什麼要巡田？」我問外公。

「播種之前要鬆土、鋤草，種了作物之後，更要好好照顧，才能長得好。鋤草、鬆土、澆水……，時時刻刻，要注意，不然，田裡可能長蟲。」

中年時刻，依循著《人間萬事》書中透出來的光，我反覆巡田，面對自己，巡訪心中那塊田。在憂傷與挫折之間，在歡心與鼓舞之間，歡喜閱讀星雲大師的文章，歡喜從《人間萬事》裡尋得智慧的種子。

（本文作者為知名作家）

向自己宣戰

人間萬事 5 道德觀

卷三 做好事

卷四 說好話

卷一

不要計較

對於一句話，一些認知的好壞，
有時候只要哈哈一笑也就算了，
不必太過認真。
但是偏偏人總喜歡計較，
結果兩敗俱傷，真是自討苦吃。
所以，一個豁達的人生，應該學習「不要計較」。

一日十計

各位讀者，大家吉祥！

語云：「一日之計在於晨，一年之計在於春，一生之計在於勤。」對於我們每天的一日生活，你有什麼計畫嗎？

談到計畫，人生按計畫行事，必定順理成章；假如沒有計畫，凡事都是臨時起意，一切都是草率急就，很難有完美的功效。

以下略為大眾定出「一日十計」，大家可以酌量更改、實行。

一、每天起床，一定要吃早餐，因為吃了早餐，這一天才算正式開始。佛教裡有「過午不食」的修持，今日社會人士有「遇早不食」的習慣。早餐不吃，對健康影響很大，因為一般晚餐都在六、七點吃飯，一直到隔天清晨六點，已經時隔將近十二小時，如果不吃早飯，腸胃會受傷。

二、早晨起床，要向父母長輩請安，藉著請安的時刻，可以向父母報

告一些見聞心得，可以訓練自己的思想，養成自己每天見到人必有話講。請安後，最好作個十分鐘的體能運動。

三、藉用上班前的空檔，可以讀報，可以灑掃庭院，可以蒔花刈草，可以為花草樹木澆水。動作要快，以爭取一日的時光。

四、要有一日的工作計畫，列出一、二、三、四，按部就班完成，並且將自己的工作知會有關人士，以便大家共同瞭解。

五、假如上有主管，利用跟主管報告的時間，說明一日的工作，或者聽候主管指示，應該將此列為一天重要的工作重點。

六、午餐後、下班時，或工作之餘，可用少許時間，分別向多日不見的親友，或平日較不常見面的朋友簡單問候，但不宜長談，更不可寒暄過久。

七、每日跟週遭的人見面，不管早中晚時間，只要見面，都應該點頭、微笑、問好。

八、養成每天晚上寫日記的習慣，不一定記事，寫個備忘錄、寫個預備的計畫、寫一封信、畫一幅漫畫，或者寫幾句打油詩都可。

九、晚上睡前，可以不看電視，但不能不讀書。晚上的時間，家居和樂，非常重要，儘量不要外出，失去與家人團聚的時間，長此以往，家庭必有缺失。

十、每天睡前或者起床後，有五分鐘的禪坐或念佛，或讀一篇祈願文等修持。

以上的一日十計，並不難做到。假如有其他重要的會議、親友訪問、各種討論，可以利用周末假日商談。計畫要養成習慣，好像每日吃飯、每日盥洗，不做就不習慣；等到習慣養成，每日做事必有條理，必很從容。

人間的忌諱

各位讀者，大家吉祥！

自古以來，人間就有很多的忌諱，尤其在專制極權的古代社會裡，如果觸犯了當權者的忌諱，還會惹來殺身之禍呢。例如清末慈禧太后生肖屬羊，她將「羊」列為宮廷忌字，誰也不能提。

其實，忌諱也不一定不好，有時候忌諱是一種社會的規範、自我要求的準則，忌諱有時也是一種禮節，能確保安全。例如：

一、與人相處，忌諱蜚短流長；論人長短容易產生誤會。

二、國際社交，忌諱不懂禮儀；一旦忽略容易引發爭端。

三、電器使用，忌諱不看說明；隨意使用容易造成危險。

四、飲食之間，忌諱東說西講；吃飯講話容易噎著喉嚨。但是忌諱一旦流於迷信，被忌諱套牢，那就不是明智之舉了。只是現在雖是科技文明的時代，人類還是難以跳脫迷信的框框。例如，有的人對數字迷信，認為「四」是「死」，乃不吉祥的數字，其實世間又有誰不死呢？有的人對時間迷信，舉凡婚喪喜慶，一定要選擇黃道吉日，其實有的人為了方便親友參加，選擇例假日舉行，不也是過得幸福平安嗎？有的人做生意，要看地理風水，但是同一條街上，有的人生意興隆，有的卻是倒閉關門，這和地理位置又有必然關係嗎？

中國人對「死」極為忌諱，不言「死」字，慣以「去世」、「逝世」、「作古」、「壽終」、「歸西」等代替「死」字，其實有生必有死，應該學習勇敢面對，更何況目前社會不也在流行「預擬遺囑」嗎？

談到「死」，有一個笑話。有一天秦檜家裡名士雲集，大眾等了一個多小時，秦檜仍遲遲不出來，常客王仲荀覺得無聊，說道：「各位大人久等了，讓我來為各位解解悶。」王仲荀平常喜歡開玩笑，因此大家都聚集到他身邊，準備聽他說些什麼。

王仲荀拉高嗓門便說：有一位大官出門辦事，恰巧客人來訪，遞了張名片請守衛通報，守衛看了他一眼，衣著普通，說：「大人不在，你改天再來吧！」

客人聽了，勃然大怒，說道：一般人家裡死了人才說「不在」，我跟你們大人是多年好友，你竟然詛咒他「不在」，等他回來，我告訴他，看他怎麼治你！

守衛一聽，馬上低頭賠不是：「請大人原諒，小的無知！過去凡是客人來訪，大人不在，都是這樣回話，也沒有人說不當。如果『不在』不好，那我以後怎麼說呢？」

客人說：「既然你家大人外出不在，你就回說：我家大人『出外去』，就可以啦！」

守衛皺起眉頭，為難地回答：「大人！您這就不知道了，我家大人寧死，也不肯說『出外去』三個字。」

在座的客人聽了，不禁哄然大笑。

原來「死亡」的禁忌，也可以這麼幽默有趣。佛教所謂「三界唯心，萬法唯識」，一切都離不開心，只要合乎因果，則日日是好日，時時是好時，事事是好事，世間其實沒有什麼需要忌諱的。

刀劍

各位讀者，大家吉祥！

刀劍是何人發明，難以考據，但是可以確定的是，人類最初是為了生活所需，乃至為了對抗自然界的虎狼獅豹等野獸，不得不需要借助刀劍。但是刀劍後來慢慢成為殺人的凶器，成為傷生害命的工具，實在遺憾。

歷代以來，武器不斷改良進步，大砲、飛彈、核武，殺人的武器日益翻新。諾貝爾先生雖然靠武器賺錢，但也自覺對世間造成罪孽，所以設立「和平獎」來贖罪。只是和平獎的頒發，對世界似乎並沒有帶來什麼重要的彌補。

近年來雖然有些強國提出限武、廢核的呼籲，但實際上他們是要別人限武、廢核，自己的國家裡，兵器、核武仍然堆滿兵庫。這個世界，彼此都互不信任，說的、做的不能一致，怎麼會有寧日的希望呢？

現在吾人呼籲，不要把刀劍武器對著別人，要轉而對付自己，例如：

一、以刀劍斬斷情絲：正當的情愛，這是人間的人倫，無可厚非。但是常見一些人為了情愛所苦，甚至造成情殺事件，這都是愛得不當所致。古人所謂「以慧劍斬情絲」，因此不妨利用刀劍來斬斷情絲，掙脫情網的束縛。

二、以刀劍杜絕惡習：人都有一些惡習，例如侵略、鬥爭、強占、霸取等惡行；假如自己能有一把刀劍，把自己的惡習斬斷，就不致於對別人有所冒犯了。

三、以刀劍降伏我慢：我慢就像一道高牆，如同一座大山，一個心中充滿傲慢的人，看不到自己的愚癡，跨不出自己的褊狹，走不出自己的小天地。假如能用刀劍把我慢的高山鏟平，於人於己，都有利益。要想鏟除我慢的高山，只要有心，就如愚公移山，何患不能做到呢？

四、以刀劍割斷自私：自私是人的劣根性，如果自私只是個人的行為，倒也罷了，但是一般自私的人，其行為都會牽連到別人。你的財富，為了他自己的私欲，可以巧取豪奪；你的產業，本來為你所有，他可以千方百計鯨吞蠶食。為了膨漲自己的私欲，不顧義理，不顧人情，只看到錢財、利益。假如能以刀劍，斬斷對人的恣意奪取，斬斷自己的私心，就不會再念念覬覦他人的利益了。

五、以刀劍抵擋惡行：我們每一個人的行為，手足舉動的粗魯，口舌語言的詛罵，還有很多的心機較量。假如能用刀劍把這些惡行全部斬斷，還給自己一個善良的面目，豈不美哉。

六、以刀劍去除煩惱：佛經說人有八萬四千煩惱，因此人生說起來其實很可憐，因為八萬四千煩惱盤據在我們小小的方寸之間，每日作威作福，唆使我們為非作歹。但是只要我們的善心、天良未滅，把本性善良、光明的一面呼喚回來，帶領正義之師，勇敢的與我們身心裡的煩惱魔軍作戰，還是能有找回清淨自性的一天，否則只有在生死裡輪迴不已，難有解脫的一日。

因此，我們要重整武裝，以自己心性中光明的慈光慧劍，斬絕貪瞋愚癡等許多的邪惡魔軍，這是人生中極為重要的一仗。能否凱旋榮歸，就看吾人是否能發揮智慧之劍的功能了！

女人之怕

各位讀者，大家吉祥！

人都有害怕的心理，怕神怕鬼、怕天怕地，尤其怕人。說到「怕」，身為女人，恐怕是最有恐懼心理的了。女性到底怕什麼呢？

一、**怕生人**：男人遇到不認識的人，很容易結交成為朋友；女人對陌生人總是心存戒懼，不容易接觸，甚至對熟悉的人，也有很多心理上的防範。不過一般來說，女性尤其是美麗的女人，如果對人沒有防範之心，沒有矜持的態度，的確很容易陷入危險之境。

二、**怕色狼**：有的女性，喜歡騷首弄姿，引起別人的注意，甚至希望異性追求。但是，太直接的追求，也會讓她害怕卻步。在男性當中，女人最怕的就是遇到「色狼」，因為色狼沒有情調，對人不懂得尊重，所謂「辣手摧花」，女人遇到色狼，可謂人生一大不幸。

三、**怕遇人不淑**：身為女人，一般總是要嫁人，所謂「嫁雞隨雞」，女人好像一直都是男人的附屬品，因此女人的一生，最怕「遇人不淑」，如果嫁給了一個不上進、不負責、不誠實、不勤奮、好吃懶做，甚至搞婚外情的男人，這樣的女人，其人生的路只怕也是坎坷難行。

四、怕家暴：打老婆是男人最醜陋的行為，有些男人常常拿老婆出氣，動不動施以打罵，尤其牽怒動氣、藉酒裝瘋，經常以打老婆為快，一些可憐的小女人，被男人抓著頭，拳打腳踢，如此長期活在家暴陰影中的女人，怎不慨歎命運多舛。

五、怕衰老：女人的年齡是秘密，總是不肯輕易對人透露。不過即使不說，歲月還是會在女人的臉上留下痕跡，因為衰老畢竟是人生無可避免的事。對女性而言，年輕的女人自然能散發女性的魅力，但是一旦年老色衰，魅力沒有了，肥胖、醜陋自然發生，所以女人總是對年老色衰感到無可奈何與害怕。

六、怕無子：過去的傳統家庭裡，父母為兒子討媳婦，總是希望傳宗接代，因此一個不能生養兒子的女人，不但在家中沒有地位，甚至犯了「七出」之條。所謂「母以子貴」，沒有兒子的女人，其處境之艱難，內心之落寞、無奈，可想而知。

七、怕婦女病：只要是人，難免會生病。不過一般來說，男人雖然也會害病，但未見專門的男科醫院，只有專為婦女而設的婦科醫院到處林立，可見女性比男性多病。女性的疾病，例如月事不順，甚至乳癌、子宮癌等，這也是女人的夢魘。

八、怕沒有錢：中國的家庭，一向以男人為主，男人通常掌控一家的經濟大權。尤其「男主外、女主內」，因此即使不富有的家庭，男人隨時可以外出工作，但是女人想要自己賺錢，比較少有條件、機會。一個人如果無錢的時候，可以說是「百事哀」，有些女人更是如此。

上述的「女人之怕」，即使到了今日提倡男女平等的社會，還是有一定程度的牽動著女人的命運，這是不爭的事實。

三八二十三

各位讀者，大家吉祥！

稍有數學常識的人都知道，「三」乘「八」等於「二十四」，這是數學上不能更動的定律。然而在聖人的哲學理念裡，三乘八可能是：

一、三八是二十四，這是常人的。

二、三八是二十三，這是聖人的。

三、三八是無計數，這是佛教的。

四、三八就是三八，這是本來的。

最近經常聽到一則故事：孔子的

得意門生顏回，有一天到街上辦事，看到一家布店門口有兩個人在吵架，賣布的要向買布的收取二十四塊錢，但買布的說：「一尺布三塊錢，八尺布應該是二十三塊錢，為什麼要我付二十四元？」

顏回一聽，走到買布的人跟前，說：「這位仁兄，你錯了，三八是二十四，你應該付給店家二十四元才對。」買布的人很不服氣，指著顏回說：「你有什麼資格說話，三八是二十三還是二十四，只有孔夫子有資格評斷，咱們找他評理去！」

顏回說：「很好，孔子是我的老師，如果他說是你錯了，怎麼辦？」

買布的人說：「如果我錯了，我就把頭給你，但如果是你錯了呢？」

顏回說：「如果是我錯了，我就把頭上的冠輸給你。」

二人找到了孔子，孔子問明情況，對顏回說：「顏回，你輸啦，三八就是二十三！你把冠取下來給人家吧！」

顏回從來沒有反對過老師，現在聽孔子這麼一說，他認為老師糊塗了，便不想再跟隨孔子學習，因此第二天藉故家中有事，就想請假回家。孔子明白顏回的心事，但並不說破，只說「事情辦完後就早點回來」，同時囑咐他兩句話：「千年古樹莫存身，不明究竟勿動刀。」顏回應聲「記住了」，即刻動身回家。

就在回家的路上，突然烏雲密佈，雷聲大作，顏回於是躲進路邊一棵樹幹中空的古樹，猛然記起孔子的話，趕快從空樹幹中走出來。說時遲那時快，一個響雷迅即把古樹劈個粉碎。顏回驚險逃過一劫，連夜趕回家裡，他不想驚動熟睡的家人，就用隨身佩帶的寶劍撥開門栓。進了屋裡，發現床上睡了兩個人，一時怒從心起，正要舉劍砍人，又想起孔子的話「殺人不明勿動手」，於是點燈一看，床上睡的是妻子和妹妹。

顏回大驚，不等天明就迫不及待的趕了回去，一面向老師懺悔，同時感謝老師的話救了自己和妻子及妹妹三個人的命。不過這時候顏回還是忍不住問道：「老師，三八到底是二十三，還是二十四呢？」

孔子反問：「那麼你說，到底是生命重要？還是帽冠重要呢？」

「當然是生命重要了。」

孔子說：「這就對了，如果我說三八是二十三，你輸的只不過是一頂冠；如果我說三八是二十四，他輸的可是一條人命呢！」

的確，數字只是一個符號，佛教講「一就是多」、「一即一切」，因為「法無定法」，因此三八可以是「二十四」，也可以是「二十三」，甚至是「無計數」，但其實三八還是「三八」，這就是聖人的智慧。

小心眼

各位讀者，大家吉祥！

社會上，「小心眼」的人很多。小心眼是人類的劣根性，見不得別人好，不容易容納異己的存在，而且歡喜跟人比較、計較，所以就被人譏為「小心眼」。

小心眼的人因為不能像「宰相肚裡能撐船」，他只是計較、自私、執著，所以永遠看不到別人的好；反之，一個有度量，有包容心的人，自然不會小心眼。以下試說「小心眼」的特徵：

一、**不能看遠**：小心眼的人沒有遠見，看不到未來，只想到現在；現在他不喜歡你、看不下你，因此不會想到將來因緣難定，可能有一天他會需要你。由於他看不到未來，沒有培植因緣，因此失去了許多未來成功的因緣。反之，如果能夠看得遠，知道將來我可能會需要你；未來我們可能會有齊手合作的機會；將來你可能會給我助力，也許就不會小心眼了。

二、不能看好：小心眼的人不能把別人的長處、優點看出來，他總是看到別人的短處、缺點，甚至即使看出別人的好處、優點，他也會刻意醜化、矮化，所以在他的心目中，永遠不容易承認別人比自己好。

三、不能見大：小心眼的人如同「坐井觀天，曰天小也」，其實是自己所見者小，非天小也。如果他能從一沙一石中，見到三千大千世界，如果他能從別人的一言一行裡，看出人家的優點，就不會小心眼了。

四、不能共有：小心眼的人不能與人共有，他有一部腳踏車，就不歡喜你也有一部；他有一棟房子，就不歡喜你也有一棟。凡事都想獨占，不願意與人共享，這就是小心眼。

五、不能容物：小心眼的人，一點小事他都不能原諒。一句話不願聽聞，他要辯個明白；不喜歡的人在他旁邊，他會怒形於色；不願意看的一件事，他會強烈表現出排斥的舉動。因為不能容物，就像我們的眼睛容不下一粒沙，所以是名副其實的「小心眼」。

六、不能忍性：小心眼的人聽不進一句諫言，容不下一句忠告，再好的良言美語，在他聽

來都如針刺耳，所以小心眼的人就是沒有修養，沒有動心忍性的功夫。

小心眼的人，處處被人包容，顯示自己渺小；如果能大其心量，凡事包容、尊重、體諒、友愛他人，就能成為一個「有容乃大」的人，自然處處受人尊敬。

不可能

各位讀者，大家吉祥！

世間萬事，有「可能」的，也有「不可能」的。當初佛陀成道時，幾乎為此問題而想要即刻涅槃。因為佛陀發現自己所證悟的道理，與世間眾生所認知的完全相違。佛陀認為真如佛性是真的，但眾生認為是假的；眾生認為榮華富貴是真的，但佛陀認為那是虛幻的。佛陀有感於自己證悟的佛法，不能與世人相契，不如早早涅槃的好。所幸帝釋天請佛陀體念大眾，所以佛陀還是住世四十九年，說法三百餘會。

總說世間法有「可能」的，也有「不可能」的，茲略述「不可能」的如下：

一、一步登天不可能：佛教講，成佛要經過菩薩五十一階位的修行；羅漢也要經過四禪八定，慢慢修成四果羅漢。就是往生西方極樂世界，也不可以少福德因緣，所以世間事總要「一步一腳印」，妄想「一步登天」，那是不可能的。

二、幻想成真不可能：有人說「夢想可以成真」。夢本來是虛幻的，但是有夢想就有心願，就有動力，所以在虛幻世界之外，另有真實的心力存在，因此夢想可以成真。但是「幻想」就不是如此了，幻想是虛幻不實的事，既是虛幻，那有實體？所以「幻想成真」不可能。

三、無因之果不可能：世間一切都是「因緣」所生法，離不開「因果」關係。所謂「果從因生」，這是必然的道理，沒有經過努力播種的因，那能有收成的果？所以「種瓜得瓜，種豆得豆」，無因之果是不可能的。

四、無中生有不可能：在佛教的義理裡，「真空生妙有」，甚至「有依空立」、「事待理成」，這都是合理的說法。但在一般世間法裡，本來沒有的東西，忽然冒出來，除非是變魔術，否則沒有因緣，「無中生有」是不可能的。

五、肉身不壞不可能：經常聽到佛教界說，那位高僧大德圓寂後肉身不壞。肉身真能不壞嗎？肉身是有為法，有為法必然會有成住壞空、生住異滅，所以常保肉身不壞，若非僵屍，就是木乃伊，或是經過特殊處理，當然也有可能保存一段時間，但基本上，佛法裡沒有肉身不壞的道理。

六、怒髮衝冠不可能：在〈滿江紅〉裡，岳飛精忠報國，他以「怒髮衝冠」來表達內心對敵人的憤怒。「怒髮衝冠」從文學的角度賞析是可以的，如李白的〈秋浦歌〉有「白髮三千丈，緣愁似個長」，但事實上，從物理學來看，「怒髮衝冠」是不可能的，這只是一種情緒的表達。

七、**真常不變不可能**：佛教講「真常唯心」，那是出世間法；世間法裡滄海桑田，物換星移，世界分分秒秒都在變，所以除了法身之外，世間法沒有真常不變的東西。

八、**人生不死不可能**：在無為法裡，生死只是一種循環，生命的本體是不死的。不過從事相上來看，人生了要死，死了要生，有生必然有死，生死是自然的，要求人生不死是不可能的。

總之，佛法講究因果，有因緣才有結果，就如不經過大冶洪爐的千錘百鍊，那能成金成玉？因此凡事不能心存僥倖，更不要妄想「不勞而獲」，有了耕耘，才有收成，這是最淺顯易懂的因果道理。

不可說

各位讀者，大家吉祥！

佛曰「不可說！」不可說的，就是不能說，因為說了沒有用，說了不會懂，說了會有誤會，當然就不可說了。世間上的好話、好事，當然都可以說；但是世間上也有一些話不可說，試舉如下：

一、他人的是非不可說：「是非只因多開口，招惹多為狠心腸」，他人的是非不干己事，也不屬於公眾領域的「公是公非」，對大眾沒有什麼利害關係，純粹是個人的私密，這種是非最好不要說，說了只會招惹麻煩，所以不說是非，不傳是非，不怕是非，自然就不會有是非。

二、他人的隱私不可說：每一個人都有隱私，也都不願意讓別人傳說，因此「將心比心」，別人的隱私不可說。再說揭發別人的隱私，對人有害，於己無益，何必呢？甚至現在的法律，都賦予每個人隱私權，如果侵犯別人的隱私，不但結怨，甚至還會吃上官司，豈能不慎。

三、他人的過失不可說：中國人向來有「隱惡揚善」的美德，所以如果事情非關公眾利害，不傷大眾利益，純粹是個人性格上的缺失，或是事務上的不周，都不應該「揚人之短」。

四、他人的暗疾不可說：別人天生的缺點，例如講話口吃、走路跛腳、唱歌五音不全等，或

是罹患躁鬱、憂鬱、精神官能症等暗疾，都不能說，說了往往招人嫉恨，結下冤仇。

五、**他人的家世不可說**：中國人向來忌諱「家醜外揚」，因此關於別人不光彩的家世背景，例如他是私生子，他的爸爸、媽媽離過婚，他的祖父曾經犯罪坐過牢等；別人視為家醜的事不可說，說了就會招惹人怨，甚至結仇。

六、**他人的計畫不可說**：一般商業機密，諸如新開發了一種軟體程式、新發明了一項產品，乃至計畫中的一個開發案等，不可利用職務之便，洩露機密。即使是一般新聞記者，也不可以為了搶頭條，而不顧職業道德，這是做人的基本操守。

七、**機關的人事調派不可說**：常聞有人在人事調派後，還沒有正式發表，自己就沉不住氣先洩漏消息，於是遭到反對者阻擾而作罷，

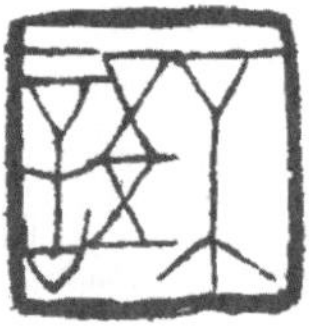

這就是「曝光死」。所以人事調派不可說，說了只會壞事，不能成事。

八、國家的機密不可說：機密就是重要而秘密的事，個人有個人的機密，團體有團體的機密，國家也有國家的機密；個人、團體的機密都要懂得保守，何況國家的機密更要保守。如過去講「保密防諜，人人有責」，所以關於國家的國防機密，乃至經濟、交通建設等機密，都不可說。

俗語說：「好話不怕千回講」，但是無意義的話，甚至壞人名聲、壞人好事的話，千萬不可說，以免招惹是非。

不如

各位讀者，大家吉祥！

世間上凡事都有等級差別，拿金錢來說，韓幣不及日元，日元不及台幣，台幣不及美金，美金不及英鎊，英鎊不及歐元。若以交情來論，同學不如朋友，朋友不如親戚，親戚不如家人，家人不如自己。就等於小學老師不如中學教員，中學教員不如大學教授，大學教授不如學者專家。以下茲就類此之對比，列舉數例說明：

一、聚金不如積穀：平時一般人都好貪財，喜歡積聚金錢，但是一旦重病在床，空有黃金，無人買米，黃金何用？颱風地震過後，五穀欠收，再多的鈔票也買不到一斗米。戰亂時，隨著逃亡潮，即使身

懷金條，也換不到一塊麵包。所以，人之性在有所得，但是懂得積聚，也要會算什麼東西對人生比較需要，否則聚集很多東西，到時候黃金如磚塊，倒不如積一些人情、因緣、功德，可能比積財更重要。

二、強梁不如商量：人之性格，有的人喜歡用高姿態欺壓下面的人，例如講話都是命令人：「你要馬上做好」、「你要儘速完成」。表面上別人不表反對，但是內心不服，所以強梁命令，不如商量拜託。因為即使地位再高，權力再大，對朋友、同事乃至屬下，如能客氣的拜託，別人也才會心甘情願的為你做事。

三、**嚴師不如益友**：一般學生喜歡慈悲的老師，不喜歡親近嚴師。事實上「愛之深、責之切」，「恨鐵不成鋼」是嚴師共同的心情。只是有時候讓我們心悅誠服，對我們有所幫助的，反而是一些學長、益友的從旁協助，因為他們不像老師嚴厲，反而容易讓人接受。所以老師者，要如師如友，如父如兄，能讓學生敢於親近，才是好老師。

四、**百聞不如一見**：「西湖煙雨浙江潮，未到千般恨不消；到得原來無一事，西湖煙雨浙江潮。」人常常是「不見棺材不掉淚，不到黃河心不死」，凡事總要親歷一回，總想見上一面。不過有的人見面不如聞名，有的人聞名不如見面；儘管見了面發現不過如此而已，也總是得個心安。

五、**求人不如求己**：人生凡事求人，可能人家會拒絕你所求、應付你所求，或是馬上攔截；最好是求神明、佛祖，因為他們都不開口，你也不知道他們是拒絕或接受。但是有時求人，人不能如我所願時也不能怪人，因為人家給你是恩情，不給是本分；最好是求己，自己都求不到，如何求人？

六、**改名不如改心**：有的人不歡喜父母所取的名字，總想改名；有的商店不能賺錢，也想換個號。甚至一些政要的名字裡有「火」、有「水」，大家就把國家的火災、水災頻仍，歸諸於他們。事實上改名是小事，橫豎是假名；名字背後的意義才重要。你看台灣初期，一些人的名字雖然俗氣又不雅，如：牛屎、阿土、罔市、阿花等，其實是長輩的用心，主要是要他做人低調、平實，甚至不雅不好的名字，也能為自己消災解難。所以一個國家社會或是個人，不是改名就算數，改心才重要，心正則一切皆正，心歪一切皆歪，因此，與其改名不如改心。

不怕

各位讀者，大家吉祥！

佛教講「苦」是人生的實相，人所以會有痛苦，主要是因為害怕的事情太多，怕被人偷、被人搶、被人傷害，甚至怕沒有錢、沒有職業、沒有兒女老婆……。因為人生所怕的事情很多，多數人都是活在不安的

恐懼之中，所以佛教的觀世音菩薩能為眾生「施無畏」，因而特別受到大家所信仰。

其實，人生也有很多「不怕」的時候，例如：

一、耳聾不怕人家罵：耳聽的人，可以聽世間的音聲固然很好，假如耳聾了，也不必沮喪，至少耳不聽心不煩，即使別人對你有所批評、辱罵，因為聽不到，也就樂得自在。

二、死時不怕人家嫌：人活著的時候，怕別人藐視的眼光，怕他人批評的語言；但是一旦人死了，無論你怎麼嫌他，他都不予理會。因此，人到了死的時候，真是萬般放下，即使自己最心愛的東西被拿走，他也一概不管。死，本來是人所畏懼的，但是自然的死亡，其實也是人生放下的好機會。

三、理直不怕輿論偏：人都要講道理，但有時「秀才遇到兵，有理講不清」。當你遇到一些偏見、不講理的人，即使再多的道理也沒有用。不過，理要能尊重別人，世間一切想讓別人完全依順我們，那是不可能的事。所以，只要自己問心無愧，只要自覺公正、公平，那怕一些偏激的人曲解我們，我們只想「豈能盡如人

意，但求無愧於心」，也就不必罣礙太多。

四、**心慈不怕世道險**：世間上最可怕的東西，不是毒蛇猛獸，不是洪水地震，比洪水猛獸更可怕的是世道人心。所謂「人心險惡」，有時候朋友之間，甚至父母同胞，遇有利害衝突的時候，不惜一切相互殘殺，就算唐太宗也有玄武門的兄弟相殘之舉。但儘管如此，只要吾人心存慈悲，所謂「舉手不打笑臉人」，慈悲的人沒有敵人，心裡慈悲，也就不怕世道的艱難險惡了。

五、**膽大不怕妖魔擾**：人，有的天生膽大如天，有的生來膽小如鼠。吾人在世間生存，倒不一定要膽子大，膽大的後面要有道德、良知、智慧，如此則儘管外境上有大自然的風霜雨雪，社會上有恩怨情仇，政治上有各種迫害，因為我們有膽量面對現實，理直則氣壯，又何足懼哉。

六、**勤學不怕天資魯**：有的人經常慨歎自己沒有智慧，天生魯鈍，因為沒有才華，無法為人所重視。其實，世間無常，一切都不是定型的。如果自覺自己智慧不夠，只要有勤奮好學的精神，所謂「人一之，我十之」，又有什麼不能成的呢？歷代有不少人四、五十歲才考取進士，就是現在的大學，也有一些五、六十歲的老學生，所以只要勤學，天資也不能斷定人的一生。

七、**智高不怕難事臨**：吾人一生當中，所面對的事情，有的輕而易舉就能解決，有時也會遇到艱難困苦，不容易通過的關卡。人的前途就如登山，只要鍥而不捨，運用智慧，沒有突不破的難關，沒有登不上的高山。日本的富士

山，中國的聖母峰，不是一樣有人挑戰成功嗎？

八、志堅不怕境界考：人生的考驗很多，貧窮是考驗，事業不順是考驗，愛情受挫是考驗，受人傷害失去尊嚴更是考驗。但是，一個人只要立志發願，任何逆境，在有志願的人面前，沒有通不過的考驗。因此，人生與其畏縮退後，不敢向前承擔責任，何不挺起胸膛，迎向前途，勇敢一戰呢？

不要計較

各位讀者，大家吉祥！

人我相處，因為「計較」而傷和氣，這是非常不划算的事。人與人之間，好壞的計較、有無的計較、得失的計較、榮辱的計較，人生一直在計較，因計較而獲得的，也不算成功。人的名位，應該要「實至名歸」，不但不從計較而得，甚至還要帶著謙卑的心情，獲得大眾的認可，那才算是真正的獲得。

世間的商品價值多少，可以斤斤計較；金錢的花費多少，也可以錙銖必較。對於一句話，一些認知的好壞，有時候只要哈哈一笑也就算了，不必太過認真。但是偏偏人總喜歡計較，結果兩敗俱傷，真是自討苦吃。所以，一個豁達的人生，應該學習「不要計較」：

一、**舊帳不要計較**：就算是銀行吧，也有許多呆帳，要清算舊有的呆帳，實在說並不容易。為什麼會有呆帳？一定是借貸時手續不清、保證不夠、信用經不起考驗，所以留下許多呆帳。人生如果要計算舊帳，所謂「舊茅坑，愈攪愈臭」，所以只有得饒人處且饒人。有人說「舊帳一筆勾銷」，最是爽快。

二、**仇恨不要計較**：世間上再好的人，也不能保證完全沒有仇家，因為儘管你為人正派，有道德名望，但是對你有所求的人，沒有得到你給予利益，沒有獲得你的特別關愛，甚至你布施給別人，他記仇恨，真是好事難為，善門難開。假如有人對你記恨的時候，你不必跟他一般見識，不要和他計較，你應該想方法化解；計較只會增加怨懟，化解才能消除仇恨。

三、紛爭不要計較：這是一個紛爭的世界，也是一個紛爭的人生，所謂「物競天擇，適者生存」，說明人生就是生存在競爭之中，勝者就能存在，敗者就會被淘汰。計較、紛爭，鷸蚌相爭，必定讓漁翁得利。紛爭只會擴大人我的距離，增加對立；只有不計較，所謂「化干戈為玉帛」，才是上策。

四、吃虧不要計較：人常覺得自己吃了暗虧，吃了悶虧，其實如果懂得，只要能看得開，吃虧就是佔便宜。人生處處都想占便宜、爭利益，天下那有這樣的好事？能把吃虧看成是消災，當作是自己的修行，如此吃虧就是福報。

五、冤枉不要計較：人在世間，常會遇到被人冤枉的事，自己覺得無限的委屈。冤枉、委屈想要洗清，必須付出多少倍的努力。果真想要洗刷冤情，只有潔身自愛，從好處做起，從善處作為，不計較冤枉委屈，如此才容易生存。

六、得失不要計較：在我們的人生中，對於得失、榮辱、勝負、有無，一般都會很在意、很計較。但是計較的結果，就算勝利，失去的反而會更多，如此即使勝利，也是得不償失。人生的修養，要能得之不喜，失之不憂，在得失之外，應該要看得更遠，看得更長，何必斤斤計較於一時呢？

不能氣

各位讀者，大家吉祥！

人有喜怒哀樂等情緒，有時候生氣總是難免的，但是在某些情況之下，還是不能生氣，因為生氣解決不了問題，生氣有什麼用呢？茲將不能生氣的情況列舉如下：

一、**急病遇到緩慢郎中，不能氣**：俗語說「急驚風，遇到慢郎中」，這個時候你生氣、著急，只會壞事；你只有冷靜的配合，或是用另外的方法補救。如果一味的生氣，根本無濟於事，因為他的習慣、他的能量、他的步調、他的行事風格就是這樣，你既無法改變他，生氣只有徒然傷身。

二、人民遇到警察刁難，不能氣：警察代表國家執法，一切依法行事，但是民眾有時覺得「法」外應該還有「情」、「理」，所以經常會有爭執發生。其實警察取締，記錄違規，你生氣，警察也是人，他會對你更加印象惡劣，如此只有壞事。所以，遇到警察為難，還是好言好語商量，甚至對他更有禮貌，用你的禮貌友好感動他，或許他能網開一面。

三、兒女遇到父母責備，不能氣：「望子成龍，望女成鳳」的父母，往往「愛之深，責之切」。這時如果父母懂得教育，或許會用鼓勵代替責備；不善於教育的父母，則直接用責備、要求的方式指導。但是對方是父母，在父母面前，兒女應該用恭敬、尊敬的態度，肯定父母的指示，所以要接受，不能生氣。能在父母的盛氣指責之下，都能心平氣和的認錯、接受，雖不是一個孝子，也算是一個好孩子了。

四、君子遇到小人糟蹋，不能氣：常見一個彬彬有禮的君子，在小人面前受屈受辱，旁人因此感到不平。其實你不平，對小人並沒有損失，反而貶低自己的身份。例如有一個教授，帶著兒子上街買水果，教授在挑選水果時，小販粗魯的喝問：「你一直挑來挑去，到底買或不買？」教授連聲說：「要買，要買。」一旁的兒子看了很不高興，認為身為教授的父親，受到小販如此無理的對待，卻一點反擊能力也沒有。教授心平氣和的對兒子說：「正因為爸爸是教授，所以不能跟小販一般見識。」

五、男人遇到女人潑辣，不能氣：社會上，女人遭受粗野男人糟踢的情形很多，但是男人被潑辣女人傷害的例子也不少。尤其在大街小巷，如果男人遇到一個潑辣的女人，只要她大聲一叫，或是抓著你不放，你就完全沒有辦法了。但是即使如此也不要生氣，清者自清，濁者自濁，只要自己平時言行規矩、正派，偶爾受到一些冤枉委屈，所謂「日久見人心」，最後社會還是會還給你一個公道。所以，男人遇到女人潑辣，不能氣，氣了更加壞事。

六、僧侶遇到邪見外道，不能氣：僧侶是善良的象徵，是和平的使者，但是有時也會遇到地痞流氓的無理取鬧，或是邪見外道的刁難，這時千萬不能生氣，因為生氣不能解決問題，反而慈悲可以化導頑愚，正派能降伏惡行。

人總是有情緒的，生氣是難免的，但是生氣要能解決問題；不能解決問題，還是不生氣為好。

不能碰

各位讀者，大家吉祥！

世間上有些東西可以親近、可以擁有，也有些東西必須與它保持距離，才不會惹禍招愆。究竟有哪些東西不能碰呢？

一、**小人不能碰**：俗話說：寧可以得罪君子，也不能得罪小人。因為得罪君子，君子會原諒你；得罪小人，小人會報復你。什麼是小人？小人是邪惡之人，小人是壞事做盡，沒有道德，沒有慚愧，專找別人麻煩的人。碰上這種小人，難保不會惹來風波，所以最好敬而遠之。

二、**毒品不能碰**：全世界都在嚴防毒品入侵。在台灣，走私毒

品、販賣毒品，一經查獲，就會判決死刑。人一旦染上毒品，不僅會蕩盡家產，也會把名譽摧毀，把人格破壞，把大好前途都糟蹋了，所以毒品碰不得。

三、邪教不能碰：人不能沒有宗教信仰，但是萬一信仰了邪教，卻比迷信、不信更嚴重。從歷史上看，邪教禍害世間，猶如洪水，偏偏受害的人自己不知道。邪教真可說是信仰上的毒品，一旦信了邪教，則難以回頭轉身，受害無窮！什麼是邪教？邪教沒有歷史、沒有戒律、沒有修行方法，甚至沒有教主、沒有教義，只是企圖用詐術、恐嚇、邪說來控制人們愚癡的心靈，所以邪教不能碰。

四、爛瘡不能碰：流膿的爛瘡不能隨便碰觸，碰了不但會疼痛，甚至還會發炎、潰爛。爛瘡也不能割除，只有愛護它，耐心的為它洗滌、敷藥、包紮，慢慢才會康復。

五、**痛處不能碰**：人吃五穀雜糧，難免會有身體上的病痛。然而人除了身體的痛處以外，還有心理的痛處、往事的痛處、言語上的痛處。每個人難免曾經遭遇過一些傷心事，對於別人的痛處，除非你能醫療他，否則就不要輕易碰觸。

六、**硫酸不能碰**：硫酸是具有腐蝕性的化學藥物，如果身體不小心碰觸到，皮肉就會腐蝕，不但疼痛，而且難以復原。現在有些戀人情海生波，反目之後就潑硫酸毀容，實在是殘忍至極的手法。

七、**蛇蠍不能碰**：一般來說，蛇與蠍只要你不侵犯牠們，牠們也不會隨意咬人；如果你侵犯了牠，後果就不堪設想。所以對於眼鏡蛇、雨傘節、百步蛇、青竹絲、龜殼花、鎖鍊蛇等毒蛇或毒蠍，要能適時遠離，否則被咬了，恐怕性命難保！

八、**猛獸不能碰**：老虎、獅子、野狼、鱷魚等兇猛的野獸不能

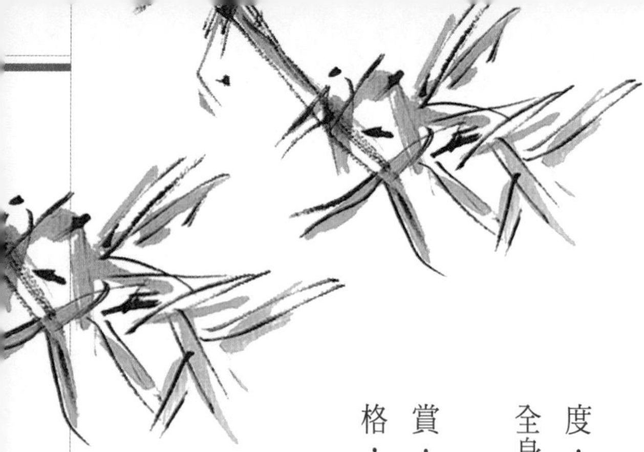

碰。為了安全，游泳的人要深諳水中沒有鱷魚，健行的人要先確定山中沒有老虎、獅子、野狼等猛獸，否則碰上了，恐怕難逃一劫。

九、高壓電不能碰：人體對電壓雖然有一定的承受度，但是如果電壓過高，身體不慎碰觸，輕則受傷，重則全身燒焦，一命嗚呼，不可不慎。

十、美女不能碰：美麗的女性往往受到他人較多的讚賞，自己難免也會自恃條件比別人好，於是養成驕縱的性格，脾氣也因此來得比別人大，所以美女還是少碰為好。

除了以上所說，人生其實還有很多東西不能碰，例如：烈火不能碰、沸湯不能碰、寒冰不能碰、惡人不能碰等等。當吾人遇到不能碰的東西時，最好遠離他，這才是安全之道。

不能講

各位讀者，大家吉祥！

講話就像潑水，潑出去的水無法再收回，講過的話也一樣收不回來，所以一句話要出口以前，不能不慎思。講話是一門藝術，即使講好話，也要顧慮不可以「洗臉礙了鼻子」，你講這個人好，得罪了那個人，話就講得不夠高明了。講不好的話，讓雙方聽了都不高興，當然就更不能講了。

不好的話不能講，有些什麼話是不能講的呢？

一、**喪志的話不能講**：有的人經常喜歡講喪志、洩氣的話，其實人生應該接受別人的鼓勵，即使沒有人為我打氣，也要自我鼓勵。自

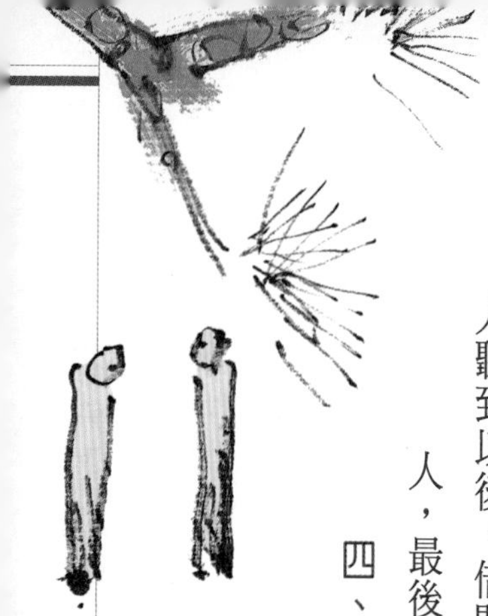

己不鼓勵自己的志向，反而講些喪氣的話，當然就自甘墮落了。

二、**負氣的話不能講**：人在生氣時，往往不自覺講出負氣的話來，有時是傷害別人，有時也傷害了自己。人在受氣的時候，最好保持冷靜，不要隨便發言，因為氣頭上所說的話往往很難聽，因此不能講。

三、**抱怨的話不能講**：人在不滿意的時候，經常說出一些抱怨的話，怨恨主管，怨恨朋友，甚至怨恨家人。你經常講抱怨的話，被別人聽到以後，借題發揮，搬弄是非，說你要對付這個人，要對付那個人，最後自己自食苦果，何苦來哉。

四、**損人的話不能講**：有的人輕浮，對人不夠尊重、包容，經常在言談之間講些損人的話，有時候是損人利己，有時是損人不利己。語言損人是一時的，但自己的人格被人看輕，所受的傷害是永久的。

五、自誇的話不能講：有的人在言談之間，喜歡宣傳自己，自我標榜，自我誇大，別人聽了必定不能認同，所以自我誇大並無實益，反而自我損傷。人要偉大，必須做出一些偉大的事業；偉大是要別人講的，不能自我稱大，自我還是謙卑為好。

六、不實的話不能講：佛教的「五戒」，「妄語戒」是其中之一。妄語就是「見言不見、不見言見，是的說非、非的說是」，也就是所謂「說謊」，是不實在的話。「狼來了」的謊話說慣了，會帶來嚴重的後果；本來只有「一架飛機」，說成「十一架飛機」，到最後變成「九十一架飛機」，這是多麼可怕的謠言，這就是不實的話。

七、機密的話不能講：人事之間都有很多機密，家庭的，公司的；業務有業務的機密，國家有國家的機密。現在各個國家都很重視機密保護，如果你洩露了機密，會受到嚴辦，要負很重的刑責。所以，吾人應該養成不隨便亂說機密的習慣，你要對外發表機密之前，先要想到可能引發的不良後果，知道嚴重性，就不會胡亂開口了。

八、隱私的話不能講：每個人都有隱私，自己的隱私當然不希望被人知道，別人的隱私自己也不能講。就算你揭發別人的隱私，沒有引起對方反擊，但已暴露了自己不厚道的性格。人住房子，不但為了遮陽蔽雨，為了安全，最主要的，也是為了保護隱私；人穿衣服，一方面是為了保暖，同時也是為了遮羞蔽體，掩藏自己的私密。所以人要互相尊重，不能暴露別人的隱私。

除上以外，當然還有很多不當的話不能講，甚至有很多不當的事不能做、不當的行為不能有。總之，「不當」的就不能講、不能做，如此才不會留下不當的後遺症。

五不能

各位讀者，大家吉祥！

世間上的事情，有能做的，有不能做的，有能為的，有不能為的。舉手之勞，給人一點助緣，不肯去做，是不為也，非不能也！給人一句好話，一個微笑，吝於布施，也是不為也，非不能也。世間事，能為的不為，不能為的為之；能做的不做，不能做的偏要去做，都是不智之舉。茲有「五不能」奉告大家：

一、揭弊而不能揭短：社會上有很多弊案，政治上的弊案，公司裡的弊案，甚至學校、家庭裡都有弊案。任由弊案存在，不聞不問，這是沒有善盡職守；有了弊端，應該揭穿它，把它提出來檢討、改進。但是揭弊可以，卻不能揭人之短，揭人之短，傷人的前途，壞人的名譽。假如我們只揭其弊，使令有機會改進，但不涉及人事，此誠

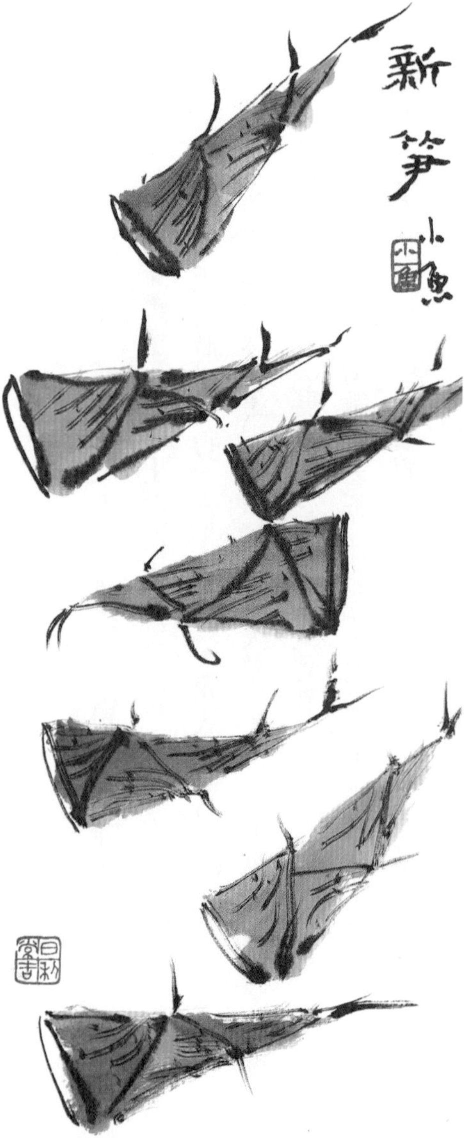

兩全其美之舉也。

二、整裝而不能整人：人要保持服裝儀容的端莊整潔，這是一種社交禮儀。每天出門前，對鏡整裝，看看自己的衣著是否端正平整，甚至有時也可以幫他人整裝。幫人把帽子戴正，把衣服拉平，幫他增加一條領帶、圍巾等。為人整裝可以，但不能整人，有的人好開玩笑，以整人為樂。甚至有些人修養不夠，以磨人為樂，專愛整人。一件事，只要他肯幫個小忙，很快就能解決，但他偏要麻煩你，要你重新再寫一份資料，要你重新再跑一次，完全不體恤別人的辛苦，任意要求而加重別人的困難，這就是整人。整人的人自以為得意，其實你整的人多了，有朝一日因果相報，你整人，人整你，後悔就來不及了。

三、輕鬆而不能輕浮：人的生活，不能一天二十四小時都繃緊神經，要求生活裡的每個舉動都合乎「行如風，坐如鐘，立如松，臥如弓」，這也太嚴肅了，別人跟你同居共住，也很為難。生活中偶爾也要有輕鬆的一面，要能跟大家隨緣，例如初見時表示熱烈歡迎，相談時眉飛色舞，妙語如珠，開個小玩笑，都無傷大雅。但是生活可以輕鬆，行為卻不能輕浮，輕浮不同於輕鬆，輕浮是拿別人來取笑，輕浮是出言不當，尤其男女之間，輕浮的舉動是對人的不尊重。輕浮是表示放蕩，輕鬆是表示自然，所以我們的言談舉止可以有輕鬆的自然，但不能有放蕩的輕浮。

四、**自信而不能自滿**：做事情要有自信，有信心才有力量。凡事預先安排妥當，做起事來有目標，有方法，一切按照自己的規畫發展，當然信心十足。但是做事要有自信，做人不能自滿，千萬不能以為自己的計畫就是獨一無二，自己的辦法都是無懈可擊，因此輕視別人，藐視別人。在自信裡，要懂得謙虛，因為自滿容易傲慢，所謂「謙受益，滿招損」。自高自大，自滿自傲的人容易遭致失敗，是做人做事之大忌也。

五、隨緣而不能隨便：佛教有一句富含人生哲理的話，叫做「隨緣」。你拜託他說什麼話，他覺得能說，就說「我隨緣」；你拜託他做什麼事，他覺得能做的，也說「我隨緣」。隨緣布施，隨緣參加，隨緣奉獻，隨緣建功，但是千萬不能「隨便」。隨隨便便的議論事情好壞，或是前因後果都沒有弄清楚，就隨隨便便任意執行。「隨便」的後果必定是「不便」，你太隨便，一旦引起反彈而遭致不便，那就麻煩大了，所以做人要「隨緣」，但是千萬「隨便」不得。

以上「五不能」若能確實做到，對自己的立身處世，必有大助益也！

五種非人

各位讀者，大家吉祥！

常有人問：「佛陀會不會罵人？」答案是「會！」只是，佛陀罵人很有藝術，例如在《增一阿含經》裡，佛陀舉出五種人：應笑而不笑、應喜而不喜、應慈而不慈、聞惡而不改、聞善而不樂，佛陀稱這五種人為「非人」，也就是「不像人」。為什麼佛陀稱這五種人為非人呢？因為：

一、**應笑而不笑**：經常可見，在大眾的場合裡，大家談天說笑，氣氛很融洽、很歡喜，偏偏有人就是緊繃著一張臉，不肯笑，讓人覺得很煞風景。這種人往往性格古怪，不隨眾，甚至個性偏激，行為舉

止總是跟人不一樣，所以在大眾裡就沒有人緣；因為應該笑的時候偏不笑，不能合群處眾，因此說他不像個人。

二、**應喜而不喜**：應該歡喜的他不歡喜，比方，你要做好事，這是應該歡喜的事，但是他不歡喜，這種人在團體裡也總是不得人緣，甚至惹人討厭，因為應該要隨緣、隨喜，而他古怪不和眾，這也不是做人之道。

三、**應慈而不慈**：「惻隱之心，人皆有之」，但是有一種人，應該發起慈悲心，應該給人一些救濟、幫忙的時候，他一點慈悲心也沒有。所謂見死不救，沒有憐憫心，沒有同情心，對人不慈悲，這一種人也不像人。

四、**聞惡而不改**：人非聖賢，知過能改，善莫大焉。但是有一種人，有了過錯不但不肯改，反而為自己的短處、惡行，找出很多理由護短。這種人因為不肯改過遷善，所以一直愚癡、迷惑，不能見賢思齊，不能進德修業。不肯改過、不肯認錯的人，難以獲得大家的喜歡、接受，所以也不像個人。這種人在團體裡，如果大家姑息他，也是不當。

五、聞善而不樂：聽到人家做好事，他不歡喜，甚至看到別人做好事，他不但不隨喜，反而故意說一些諷刺挖苦的話。例如：你出錢修橋鋪路，他會說：「自己都沒有飯吃了，還要去修橋鋪路。」你幫別人的忙，他說：「自己都泥菩薩過江了，還要幫別人的忙。」他總是在人家做好事的時候，專門說一些風涼話，這種「聞善而不樂」的人，也是非人也。

以上這五種非人，如果大家都能經常自我檢視，有則改進，無則嘉勉，自能做一個真正的善人，真正的好人。

六不可

各位讀者，大家吉祥！

世間上，凡事有正負兩面，只要被認「可」的，就是正面可行的；「不可」的則是負面不可行的。仁義道德是正面的，是可行、可信的；正人君子也是肯定可交、可友的。但世間上也有很多負面「不可」的事，例如不當的金錢不能要，不當的名位不能貪。此外，另舉「六不可」，提供參考：

一、邪教不可信：人不能沒有宗教信仰，宗教信仰可以昇華人格，淨化

人心。但是正當的宗教信仰於己有益，如果不幸信了邪教，不但無益甚至有害。所謂「邪教」者，其本身沒有歷史背景，沒有正當教理，沒有正派言行，只是用神權邪說來控制人心，用妖言妄語來蠱惑人意。一旦信了「邪教」，就會被邪思邪說所操縱，所以人生要有信仰，但不能亂信。信仰者，要信正而不信歪邪，要信佛而不怪力亂神，要信德而不胡作妄為。

二、邪人不可交：所謂邪人，就是言行不正、思想不正的人。邪人沒有正

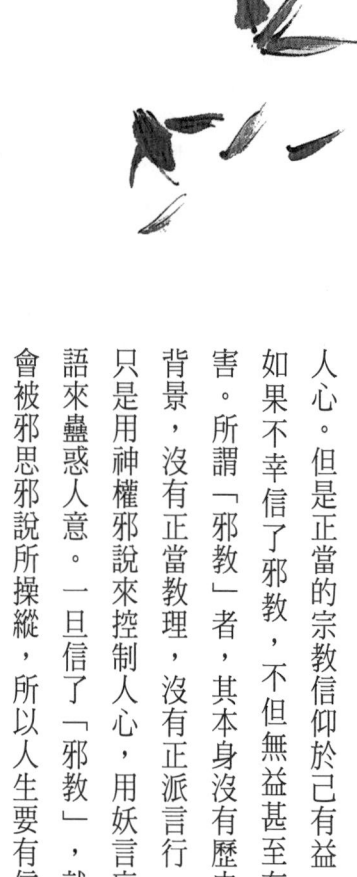

見、正語、正行、正業，沒有誠信、道德，一心只想破壞別人的好事，甚至拐騙詐欺，為非作歹，所以邪人不可交，否則「近朱者赤，近墨者黑」。

三、**邪事不可做**：損人利己，當然不可做，假公濟私、圖利自己也不可做，殺人越貨、貪贓枉法當然更不可做。佛教的五戒殺盜邪淫等，所謂「不正業」都會有不好的因果，所以邪事不可做。

四、**邪話不可說**：佛教裡的「十惡業」，邪話就佔了四項：妄言、惡口、兩舌、綺語。眼見今日的大眾，不少人以說謊為能，以騙人為常，以搬弄是非為樂，所以國際佛光會特別提倡「三好運動」，希望人人做好事、說好話、存好心，讓正語代替邪話。

五、**邪書不可讀**：人要讀書，才能變化氣質。讀書首先要選擇好書，所謂好書，舉凡聖賢之書、正派之書，具有知識性、思想性、道德性、實用性的書，都可以多多閱讀；反之，邪書不可讀，以免思想被誤導。

六、**邪理不可聽**：現在的社會，公理不彰，歪理泛濫，尤其「似是而非」的道理，到處流行。所謂「公說公有理，婆說婆有理」，許多宗教都認為自己的教義才是真理。其實真理者，必定有普遍一致的認同，有必然不變的條件，有公平公正的內容。如果不合乎這些條件，就是似是而非，甚至是邪而不正的歪理，不能輕易聽信。

曾子死時，家中窮得連遮蔽的布都無，勉強找到一塊布，卻是蓋得了頭，蓋不了腳，蓋得了腳，就蓋不了頭。有人建議，把布斜著蓋，但曾子之妻說：「不行，曾子一生正直，寧可正而不足，不可斜（邪）而有餘。」所以，吾人在世間，信教、做人、行事、講話、讀書，寧可正而不足，不可邪而有餘。

分寸

各位讀者，大家吉祥！

人與人之間要有分寸，人與事之間也要有分寸，尤其說話更要有分寸，如果沒有分寸，就會有衝突，就會有是非，就會不歡而散。

做人要明理，明理先要懂得彼此之間的分寸。因為理是軌則，應該是連接在一起，是保持雙軌運行的。人我之間彼此應該保持多少間距，此中都有分寸。

現在講究高人做事，都要先拿捏分寸、拿穩分寸，合乎分寸，凡事就容易成功。做人應該注意一些什麼分寸呢？列舉如下：

一、**人情的分寸**：人與人之間的交情，此中有分寸。小兒女可以叫爸爸跪下來給他當馬騎，爸爸會樂得哈哈大笑。如果是個外人，叫一個父執輩的人跪下來讓你當馬騎，不但要罵你，甚至要揍你，因為你太沒有分寸了。

二、好惡的分寸：每個人都有他的歡喜或不歡喜，但是歡不歡喜超過了分寸，別人就不以為然了。請你喝一杯咖啡，不喜歡就隨便把咖啡倒了，此即不懂分寸；請你喝牛奶，你大肆批評牛奶之害，這也失去了分寸。人的喜歡不喜歡，不能太過強烈，你非常喜歡的，也要顧念別人的不喜歡，你非常不喜歡的，也要顧念別人的歡喜，這裡面都有分寸。

三、語言的分寸：說話，遣辭用句之間，分寸更大。講話不但要注意對象與我關係的親疏、對象跟我的輩份、對象跟我的性別，尤其講話的音調、修詞用字的輕重，都有分寸。你沒有拿捏好分寸，後果就會很麻煩。

四、**賞罰的分寸**：連續的嘉獎，會有人批評你私心；連續的懲罰，即使高速公路警察開罰單，一罰、二罰、三罰，駕駛人也會有反抗的心理，也會不服氣。賞是鼓勵，罰是規誡，總要達到目的；賞罰達不到目的，這就是沒有拿捏好分寸。

五、**勞逸的分寸**：人有時要分工，有時要合作；分工的時候，勞役不均，會引起抗爭，因為失去了分寸。主管分配工作的時候，對工作的輕重、時間、成效，要仔細觀察，要給予平均，不可失去分寸。勞逸均衡，這是管理學上非常重要的原則。

六、**進退的分寸**：在家庭裡，即使和父母講話，也要懂得進退分寸；在公司和上級講話，更要知所進退。什麼時候可以進言，什麼時候可以報告，如果主管正在忙得不可開交，這時候你要插班報告，事情的結果會如何，當然可想而知了。所以，對於進退忙閒之間，時間要拿捏得好，尤其要拿捏得巧。

七、用錢的分寸：人會不會用錢，不在於錢多錢少，而是懂得用錢的分寸。有的人每個月收入只有二萬元，可是收支平衡，甚至猶有餘裕；有的人每個月有五萬元的收入，但是常常捉襟見肘，入不敷出，這就是不懂得用錢的分寸。

八、兩性的分寸：兩性之間，尤其一對一的時候，彼此的親疏、關係，更要拿捏好分寸，免得日後麻煩。

說到分寸，佛陀講經說法契理契機，就是分寸；人間佛教重視傳統與現代融和，就是分寸；叢林四十八單職事各司其職，就是分寸；政府升遷、待遇，都有分寸。分寸，分寸，人與人之間有很多的分寸，不能不重視。

出入（一）

各位讀者，大家吉祥！

「出入」，就是表示看法或想法與事實真相有差距，有差距就會有計較，有計較就會有紛爭。同一件事情，由於立場不同，是非功過的看法就有出入。

世間為什麼說拳頭厲害，因為講理的人實事求是，不講理的人，憑著拳頭可以決定是非好壞。世間上的人都喜歡用權力，因為權力可以改變是非、公理，用權力可以左右「出入」的觀念，所以世間的公理在權力、拳頭、武器脅迫之下，就很難樹立了。

現在試談世間造成「出入」的問題所在：

一、**是非好壞有出入**：是非好壞本來有是非好壞的標準，但現在這個標準可能因為一些外在的因素而扭曲。包括主觀的看法、邪見的看法、私情的看法等，都會讓是非好壞的認定走了樣，而與公道有出

入。例如，甲乙二人，為了某件事對簿公堂，初審、二審、三審的結果都不一樣，可見公平的法律也有出入。

現在社會上常有一些公益獎項，包括諾貝爾獎、麥格塞塞獎、普立茲新聞獎等，都難有絕對的公平。因為夠資格、有實力得獎的人，或許他沒有申請，也沒有人推薦，就成為遺珠之憾；有的人善於宣傳，懂得討巧的請人幫忙介紹、推薦，你說這種獎公平嗎？中國偉大的文學著作，如曹雪芹的《紅樓夢》、施耐庵的《水滸傳》、吳承恩的《西遊記》、羅貫中的《三國演義》等，難道他們都不及流亡法國的高行健嗎？或許你說時代不同，那麼魯迅、巴金、茅盾等，也不夠資格嗎？乃至近代的林海音、高陽、柏楊、余光中、白先勇、鍾肇政、黃春明、李銳等，他們又如何呢？甚至像兩蔣在台灣的功過，大家的看法沒有出入嗎？像二二八事件，一直站在某一方來論，有公平嗎？所以，凡一切事情的真相，是非之出入，沒有公平的歷史家，難以論斷。

二、**立場不同有出入**：一個家庭的父母，爸爸好？媽媽好？站在兒女的立場，都有不同的看法。軍事專家，陸海空軍的立場不同，就有不同的看法。宗教界，即使同一個宗教的人士，對教派的興革，也有不同的看法。台灣的一條高速鐵路，因為立場不同，爭論幾十年，最後完成了，看法仍然是贊成和否定的，各有其人。所以台灣現在的民主，也只是四百萬、五百萬、六百萬選票之差而已，真有真知灼見的看法嗎？所以關於是非得失，唯有尊重別人的立場、看法，去除自我的執著，或許才能把出入拉近一些。

三、**愛瞋認知有出入**：人的習慣，自己所愛的都是好的，不愛的都是壞的。所謂「愛之欲其生，惡之欲其死」，那裡有一定的標準呢？兒子要娶媳婦，全家族一致贊成某家女孩，必然是異數；女公子要嫁人，全家族都看上某家少爺，也是異數。因為人各有所愛，各有所瞋，決定就有所出入。求其相同的理念，不讓出入、紛歧太大，這是我們所追求的公理。只是這種公理，多麼難以獲得啊！

四、**價值觀念有出入**：人與人的看法出入最大的，恐怕就是價值觀念了。名利權位，人之所好也，但其中何者為重？也各有所不同。陶淵明不為五斗米折腰，他的人格尊嚴，不是五斗米所能取代的；唐朝道信禪師，唐太宗曾三次下詔命他上京，他辭不肯就。皇帝生氣，下令使者，再不應詔，就取其頭來，道信堅不應命，在他看來，取頭是小事，應命出山是大事，不為也！

世間上，有的人以「擁有」為價值，有的人以「空無」為價值，究竟價值的標準在那裡呢？

出入（二）

各位讀者，大家吉祥！

上文所談的「出入」，說明是非好壞、愛瞋認知等，常因各人立場不同、價值觀念相異而有出入，可見對問題的看法，如人之面孔，萬千人當中難得相同，難免沒有出入。

說起出入，再舉數例申述之：

一、**時事判斷有出入**：我們看到股票市場，每天都有很多人聚集在一起，判斷股票的漲跌。有的人觀察獨到，買對了績優股，大賺一筆；有的人判斷錯誤，所買的股票一直跌停，不但資金被套牢，甚至傾家蕩產，這都是由於判斷有出入。

在美國有不少時事觀察家，對於什麼人可以當選總統？什麼人應該出任什麼職務，都會一一點名，真是呼之欲出。最近中國北京政府召開人民代表大會和政協委員會議，也有一些人預測，什麼人可以接替什麼人擔任什麼職務，各有異論；但不管怎麼議論，都有出入。甚至對於海峽兩岸統一問題，多少年來也有不少人提出各種建議，乃至有人預測什麼時候三通？或是什麼人會提出什麼看法？但因為判斷難免有出入，所以媒體的報導，新聞的分析，只能供做參考。

二、**歷史事實有出入**：有的人相信歷史，有的人不相信歷史；歷史的記載，與事實當然有出入。我們看法院的判決，都是當時的事情，還常常有誤判；寫歷史的人，都是時隔多年，時地變遷，怎麼會沒有出入呢？尤其在專制時代，歷史都掌控在執政者的手中，像春秋時代齊國的太史，兄弟三人都為記載歷史的事實而犧牲，所以歷史的事實能沒有出入嗎？像一九三七年的南京大屠殺，曾幾何時，日本的教科書就想要改寫事實，這種出入，怎麼能寄望他公平、公正呢？

三、**專業知識有出入**：現在的氣象台，氣象報告人員都有專業知識，預測天氣有時候也很難準確，甚至各個氣象觀測台所預測的地震震度，各有不同，難以一致，都有出入。有病的人到醫院檢查，如果同時到三家醫院檢查，結果也經常有出入。所以現在的名醫院都實施會診，免得各科所見出入太大，貽笑外人。當然，我們從氣象和醫療來看，其他的股市、政治、軍事、經濟，大家所知、所論有所出入，也就不足為奇了。

四、**人事論斷有出入**：我們見到多少人議論某人很好，但是在同一個時間裡，另外的地方也有人議論此人不好。我們也見到很多文章

推崇某人很好，但是疵議他的文章也不少，所以人事的論斷難有公評，總有出入。歷史上，一般對關雲長的評價，總說他忠義正直，但近代也有人研究，說他器量狹小。同樣的，歷史上對武則天的評論，有人把她說的一無是處，但是，也有歷史家推崇她精明能幹，很會用人。三國時代的曹操，有人說他是奸雄，但也有人讚美曹孟德在軍事、政治上，用人無一不精。

世間的各種評論，出入是難免的，不過吾人不能因為「出入」而受影響，對於世間還是要保持一顆公平、公正的心，最為重要。

出門六要

各位讀者，大家吉祥！

每個人每天幾乎都要出門，出門上班，出門旅行，出門開會，出門買東西，出門訪友。一般婦女出門，總要花上好長的時間打扮；男士出門，雖然不若女士精心妝扮，但是出了門，就要融入到大眾裡，所以應該要注意自己的禮儀。以下舉出「出門六要」，提供參考：

一、**儀容莊重**：出門之人，一定要帶著愉快的心情，要有莊嚴的儀容，保持自然，保持微笑，保持端莊。見了人不能苦著表情，一臉嚴肅，讓人見了就不歡喜，如此怎麼與人洽談辦事呢？因為自己看不到自己的面孔，更要小心注意自己的表情儀容，不要讓他成為自己與人相處，或是交涉辦事的阻礙。

二、**衣履整齊**：出門的人，雖然不一定要穿著華麗的衣服向人炫耀，但是出門在外，衣履總要整齊清潔，樸素大方，不可邋遢隨便，以免給人留下不良的印象。

三、**情緒安詳**：出門的人，不可以把在家所受的氣，發洩在別人身上，也不能把自己的煩惱、情緒，傳染給別人。出門在外，要保持心情愉快、情緒安詳，對人微笑有禮，講話心平氣和，這是做人之道。

四、**主動問好**：出門在外，不管認識與否，既然照面了，不妨問候一聲「你好」、「早安」。假如是熟人，也不要匆忙就擦身走過，所謂「見面三句話」，可以寒暄幾句，問候一下「近來可好」、「家居平安」、

「事業順利」，讓別人感受到你對他的關懷。有時你主動對人招呼，卻得不到回應，也不要生氣。你可以想，也許是對方來不及回應，也可能是別人沒有聽到你的問候，所以只要自己對人的禮數到了就好，不要計較別人的反應，必然自己受益。

五、精神煥發：平時在家，可以閒散、放鬆，但是一旦出門，就要容光煥發，精神奕奕。所謂「在家一條蟲，出門一條龍」，本此道理，出門一定要打起精神，說話鏗鏘有力，眼光炯炯有神，尤其跟人握手時，一定要表達誠意。有的人與人握手，眼睛卻看著別人，如此不專注，不會贏得別人的好感。一個人要受到別人的好評，所謂「三千威儀，八萬細行」，稍一不注意，

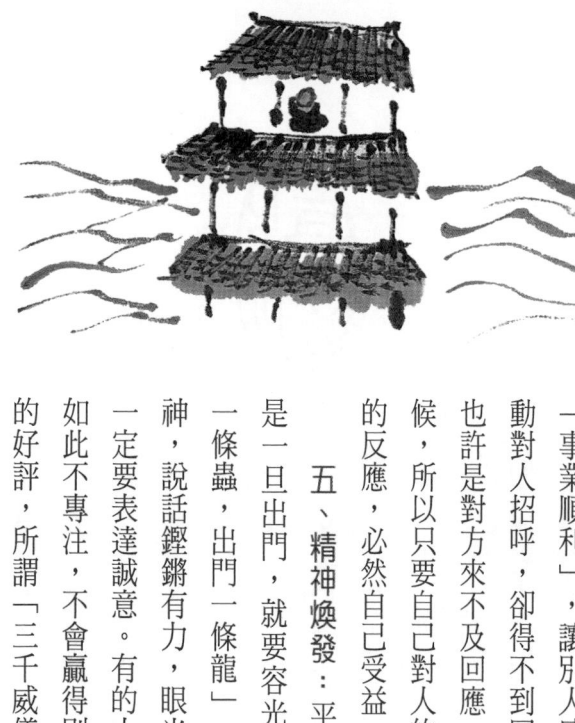

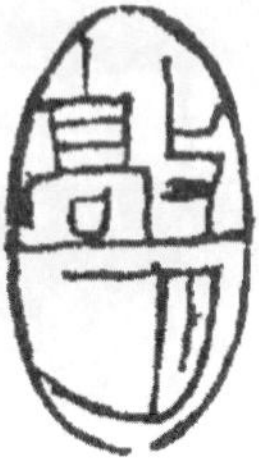

都容易給人批評。

六、**肯定自信**：出門辦事，尤其是每天外出上班，一定要帶著飽滿的精神，以及愉快的心情，尤其要充滿信心，專注的投入工作。如果是出門訪友、參加會議，更要四面玲瓏，八方周全，說話妙語如珠，引起別人的好感，容易達成訪談的目的。總之，人要肯定自我，對自己要充滿信心；已經出門了，如果不知道自己的目標在那裡？不懂得如何與人應對，如此沒有自信，如何達成目的呢？所以出門一次，看似簡單，其實出門辦事，行止進退，如何應對才得體？裡面大有學問。出門，實在是一件不簡單的大事。

人生的通路

各位讀者，大家吉祥！

人生為了到達目的地，必須起程上路。路，是通往目標的途徑，有路，人生才能走得通，才能走出去。人生的道路，包括陸路、水路、空路；當我們想要到達某個地方，可以利用乘車、坐船或是搭飛機。

有形的路以外，人生還有人情的路，也就是人與人之間的通路。例如，語言上的相讓，不用斤斤計較，不要執著己見；對於至親好友、長官前輩，在佳節之時適當的表達問候等，這都是人生很重要的路。如果人際的路沒有通暢，做人做事都會困難重重，所以人生的道路，不能不注意。

人與人之間的通路有那些呢？茲舉數例：

一、有時候打一通問候電話，連絡一下。

二、偶爾寫一封信，表達關懷。

三、不定期而適當的親自登門造訪。

四、適時的講他幾句好話，讓別人傳給他。

五、逢年過節，或是特殊的日子，託人帶上一份小禮物，那怕是一本書、一張卡片都可以。

六、給他一些方便，例如求職，或是想承辦什麼事的時候，給予一些助成的因緣。

七、金錢上的資助有時候也是路。例如：安道誠資助惠能大師獎助金，因此成就了佛教的一代宗師。乃至古人經常資助一些落魄的窮書生，後來做大官，成就安邦定國大業者，也不乏其人。

八、傷心、失意、困難的時候，給予安慰、鼓勵、濟助，尤其生病、喪葬關懷等，都是傳達善意、表現友誼的最好時刻。

此外，衣食救助、思想共識、言論呼應、仗義勇為、排難解紛等，都是人際往來的通路。總之，當人失意、困難、潦倒等最需要幫助的時候，能夠適時提供一些濟助，不但是他人的人生通路，也是自己結緣向上之路。

佛教講「未成佛道，先結人緣」，結緣，未來的人生才會有更寬廣的道路。

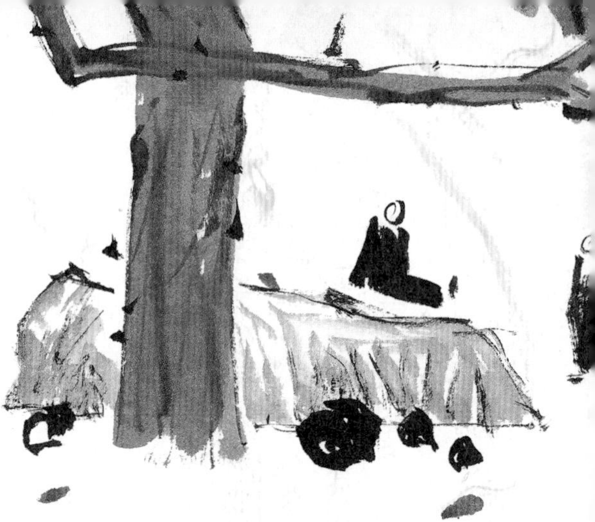

卷二

存好心

存好心，誠意善緣好運到，
心有聖賢，就像良田收成好。
存好心，把愚癡無明的邪念，
轉換成慈悲智慧的佛心。

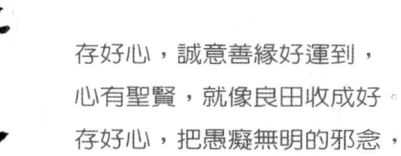

功

各位讀者，大家吉祥！

人在世間，莫不希望自己能建功立業，雖不一定要功勳蓋世，至少能留下「立功、立德、立言」的三不朽事業。人雖然都希望有功於社會鄉里，可惜很多人急功好利，往往適得其反，所謂「功敗垂成」，因功而失敗的例子很多。有那些人不能成功呢？

一、無功受祿的人不能成功：沒有功勞而想獲祿，這就如同「緣木求魚」，沒有「因」那裡會有「果」呢？我

們看到一些人成功，就要知道，他們都是經過多少的辛苦，流過多少的汗水，才能功成名就。人生於世，只要建立功勳，實至名歸，就是有人辜負你，歷史和大眾都不會虧待你；反之，無功受祿的人，如歷代的外戚，靠裙帶關係，縱然受封，別人不服氣，也無法成功。

二、急功好利的人不能成功：功勞不是一時的，建

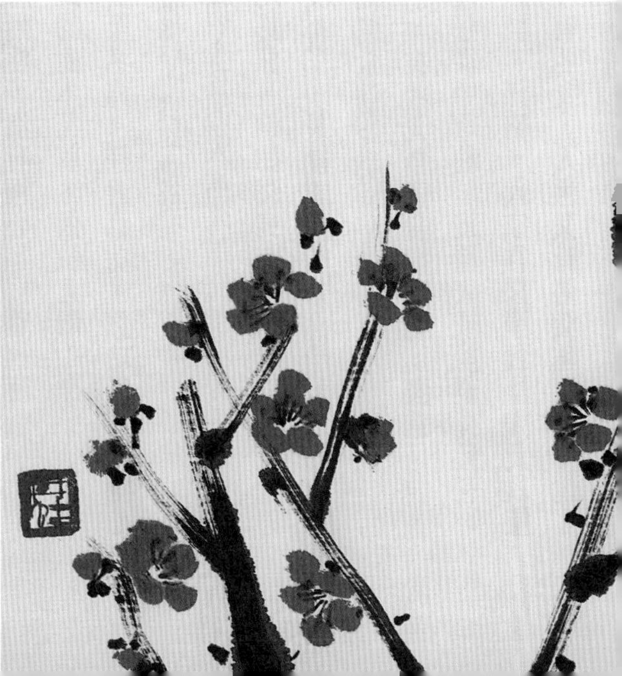

功立業是一生的事。有的人沒有耐性，沒有恆心，只望一時僥倖，所以急功好利。急速成長的樹木花草，價值有限；歷經歲月考驗得來的成就，才能實至名歸。好大喜功，急功好利，例如過去的武將貪功冒進，結果全軍覆沒，良堪痛惜。

三、**居功自傲的人不能成功**：有的人本來建立了功勞，讓人崇敬，但是他居功自傲，反而因功獲罪。例如滿清時候的鰲拜，就因居功自傲，雖然年幼的康熙也承受不了，最後康熙智慧而勇敢的剷除了鰲拜，所以居功自傲的人，應該以此為戒。

四、**貪功起釁的人不能成功**：有些人為了貪取功名，製造是非，挑起事端，讓別人互相鬥爭，他好從中取利。這種人或能僥倖獲利，但長此以往，讓人認識了他的詭計、謀略，大家往來謹慎；如此縱使一時成功，但孤家寡人一個，沒有朋友，人生又有何樂趣呢？再說，一旦讓人看出他是兩面人，是專門挑撥操弄的小人，虛假面具被拆穿，也會為人所唾棄而功敗垂成。

五、邀功求賞的人不能成功：古今的英雄，建立功勞後都希望因功獲獎。古代的韓信，向漢高祖要求封「假齊王」，漢高祖生氣不允，後經張良暗示，靈機一動，改口說：「要封就封真的，何必要假的」，因此封他為「齊王」，但韓信因此埋下殺身之禍。近代選舉，每次勝選的功臣，都會要求封賞；因為封賞難以公平，彼此鬥爭，搞得雞犬不寧，縱使有人僥倖成功，得來的賞賜也不會長久。

六、前功盡棄的人不能成功：有的人立下許多功勞，但不能守成，因為另外的因緣不具，讓所有的功勞付之東流，終致「前功盡棄」，殊為可惜。所謂「狡兔死，良弓藏，走狗烹」，所以能夠謹守功勞，不要功敗垂成，也是人生重要的功課。

各種「道」

各位讀者，大家吉祥！

世界上有很多的「路」，可以供作交通，人間也有很多的「道」，可以左右人類的前途。所謂霸道、人道、王道、聖道、佛道等，各種道都各有其不同的內容，略述如下：

一、**霸道服人以力**：春秋時代，齊桓公「九合諸侯，一匡天下」，以霸道挾天子以令諸侯，成為五霸之首。所謂「霸道」者，讓人在他的霸氣之下服從，如楚漢相爭時，項羽稱楚霸王，想要以霸道力服各路英雄，可惜霸道不能服人以心，自然不能永久讓人服氣，所以楚霸王最後還是被劉邦所敗。

二、**人道服人以情**：在世間做人，首重情義，有情有義，眾人敬服；情義不夠，則家人夫妻也會離散。戰國時代的蘇秦，最初出外遊說各國，但不獲重用。當他回家時，妻不以其為夫、嫂不以其為叔、母不以其為子。後來經他自己發奮苦讀，遊說天下，終能佩戴六國相印。成名後的蘇秦回鄉時，鄉人列隊迎接，連當初看不起他的嫂子也跪在路邊，匍匐迎接。蘇秦問嫂曰：何以前踞後恭？嫂曰：因季子位高而多金。蘇秦不得不慨歎：世間情義之外，金錢名位更甚於人情。

其實，像這種把金錢名位看得比情義更重的庸俗之人，畢竟是少數，人道還是以情義為重。

三、**王道服人以仁**：王道號令天下，重在行善、行仁，所以一國之主治理天下，必須以仁服人，以仁愛才能治理天下。佛教的仁王政治，要行五戒十善，要能與民同樂、視民如子、減稅教耕、儲財於民，要教育人民懂得父慈子孝、和睦鄰里，讓全民都能安居樂業，這才是仁政實行於全國之時。

四、聖道服人以智：聖人之道，以慈以智來服人。中國的儒家有「五聖」之說，即：孔子為至聖、顏回為復聖、曾子為宗聖、子思為述聖、孟子為亞聖。佛教把聲聞、緣覺、菩薩、佛，稱為「四聖」。所謂「聖」者，要了生死、斷煩惱，以出世之心，作人間事業，才是聖道。佛教說：人人皆可成佛。當然，人人也都可以當聖人。唐朝的韓愈曾說：「唐堯虞舜、文武周公，皆為聖人；周公以下，則不復曰聖。」其實，聖者，只是對人格的尊重，以他的行為來定標準，所以聖人用包容日月之心，行智慈之事。就如佛教的菩薩，觀音以慈悲、文殊以智慧、普賢以行門、地藏以願力來自度度人。佛儒對聖人之道的尊崇，由此亦可明矣。

五、佛道服人以理：人間最高的道，應該是佛道，因為佛道才能與真理相應。可惜這個世間，大家都自以為有理，「公說公有理，婆說婆有理」，但實際上能稱為「真理」的道理，不是那麼簡單。所謂「真理」，必須具有「普遍性、必然性、平等性、永恆性」，例如「因果」就是合乎上述四種真理的條件；「無常」也是如此。所以佛教應是散播真理之光，今後的世界，能夠奉行佛道，才能光明普照人間。

向自己宣戰

各位讀者，大家吉祥！

世間最大的敵人，不是別人，而是自己。敵人躲藏在我們的心裡，在我們的思想中，我們掩護自己的敵人，不容易發覺；自己的思想上、心靈裡，惡的不除，要想解脫自在，非常困難。

敵人的主帥，就是我執，貪瞋癡慢疑是他們的五大集團，心是司令。向自我挑戰，沒有厚實的本錢，要達到勝利的目標，並不容易；即使是一個有為的修行人，要與八萬四千煩惱魔軍作戰，想要凱旋而歸，也是談何容易。一般人把八萬四千魔軍完全隱藏在心裡，成為隱形的軍隊，要向他們宣戰，先要認識這些魔軍的本來面目，了解後才好把他們殲滅。這些魔軍的面目是什麼呢？

一、**自私**：自私就是我執，凡事只想自己，不想別人，我的財富，我的家人，我的想法，我的所有。這許多的碉堡，牢固不移，所以要有「天下為公」的思想來打破自私的觀念，並不容易。但是一個人有沒有人格道德，就看他有沒有被囚在自私的羅網裡，如果還能念念有人、有你、有他；心中有道德、善良、因果，則他的自私就已經有所鬆動，只要再加把勁，克服私心、私念、私情，就不為難了。

二、**欲望**：人生對「財色名食睡」的五欲，也是「望欲興歎」，無可奈何，所以人都做了欲望的奴

隸。金錢，人之所欲也，誰又不做金錢的奴隸呢？名位，人之所欲也，誰又不做名位的奴隸呢？愛情，人之所欲也，誰又不做愛情的奴隸呢？衣食，人之所欲也，誰又不做衣食的奴隸呢？欲望本來也不一定完全不好，除了染污的欲望應該排除之外，善法的欲望也可以讓它增長，例如孝養父母，報效國家，慈濟社會，增益全民，只是具有這種善法欲的人，為數不多。

三、嫉恨：人心裡的惡念，多如牛毛，但是舉其大者，嫉恨是最壞的惡念。妒人所有，妒人勝己，所有好者、善者，他一概不喜，總要去之而後快，這是人性最可恥的劣根性。恨心也是最大的過失，好事他想成壞事，嫉恨的火能燒毀一切善事，吳三桂將軍一怒為紅顏，不是妒心毀滅了大明江山嗎？嫉恨是毒蛇，當人遇到嫉恨，很難逃過一劫。

四、懶惰：人應該向自我宣戰的敵人很多，無明、愚癡、懈怠、無恥、無愧，尤其懶惰最為可怕。阿那律只是在法會上打了一個瞌睡，佛陀就呵斥他「咄咄汝好睡，螺螄蚌蛤類，一睡一千年，不聞佛名字。」可見懶惰之罪重矣。

《百喻經》裡有一個故事說：太太為懶惰的先生做了一個圓圈餅，掛在他的頸上，自己回娘家探親。一去數天後回家，丈夫已經餓死了，因為他只吃前面的餅，懶得把後面的轉過來送到嘴裡。一個家庭裡，家人都懶惰，家裡貧窮；社會上的人都懶惰，社會落伍；國家都養一群懶惰的人，則國不成國，市不成市。

向自我宣戰，我們只曉得消滅敵人，不曉得自己才是自己最大的敵人；把自己的敵人統統消滅，還給我們一個清淨健全的菩薩人生，那才是值得歡呼的最大勝利。

存好心

各位讀者，大家吉祥！

經云：「心為工畫師，能畫種種物」，又說：「三界唯心，萬法唯識」。我們的心在一天當中，時而上天堂，時而入地獄；時而希聖希賢，時而愚癡顛倒。古人說：「一室之不治，何以天下國家為？」其實，一心之不治，一生亦難有可為之事。

自古以來，做人之道首重治心，怎樣治心呢？以下列出國際佛光會提倡的「三好運動」中，關於「存好心」的原則。

一、要有慚愧心，慚愧、知恥才能莊嚴身心。

二、要有慈悲心，慈悲就沒有敵人。

三、要有歡喜心，有了歡喜，人間才沒有缺陷。

四、要有孝順心，有了孝順，世間才有綱常紀律。

五、要有信仰心，有了信仰，為人才有目標、才有力量。

六、要有般若心，有了智慧，才能解決一切問題。

七、要有柔軟心，柔軟才會包容，才能克剛。

八、要有精進心，精進才能立志向前、向上。

九、要有平等心，有平等心，才能與真理相應。

十、要有謙虛心，傲慢的人，永遠敵不過謙虛的人。

十一、要有自尊心，尊嚴是心中的財富，是心中的寶典。

十二、要有和諧心，和諧才能團結人心。

十三、要有忍辱心，忍辱不自卑，才是至剛至大的力量。

十四、要有道德心，道德是做人的品牌。

十五、要有感恩心，有感恩心的人，是一個富貴的人。
十六、要有恭敬心，恭敬是學佛、做人所不可或缺的要素。
十七、要有包容心，能包容，才能大、才能多、才能有。
十八、要有誠信心，有誠信才能得到別人的信賴。
十九、要有勇猛心，勇猛向前，才能開拓另外的世界。
二十、要有恆常心，有恆常心，才不會懊悔、猶豫。
二十一、要有惜福心，惜福才會有福。
二十二、要有大願心，有願就有力量，有願就能突破難關。
二十三、要有仁愛心，仁愛所至，無力抵擋。
二十四、要有忠義心，忠肝義膽是天地間的正氣。
二十五、要有正直心，做人處事，正直為本。
二十六、要有利人心，處處為人設想的人，必然受人尊重。

二十七、要有專注心，專心注意，凡事能成。

二十八、要有結緣心，廣結善緣，更有人緣。

二十九、要有喜捨心，喜捨是福慧增長之道。

三十、要有無我心，無我則凡事不計較、不比較。

三十一、要有誠摯心，誠摯待人，即使吃虧也必得好報。

三十二、要有隨喜心，隨喜順人乃廣結善緣之道。

以上所列三十二種好心，若能訓練成「平常心」，則雖行好心並不著力，那麼一生所為，何患不成！

有與沒有(一)

各位讀者，大家吉祥！

平時我們對於「有」和「沒有」，都看成是兩個極端，「有」就是「有」，「沒有」就是「沒有」；「有」的不會「沒有」，「沒有」的也不會「有」。甚至一般人通常把「擁有」看成是值得歡喜的事，「沒有」就難免令人失望了。其實，有時候「有」和「沒有」能融為一體，可能更為圓滿，例如：

一、**有福沒有氣**：「福氣」是人所喜歡的，尤其中國人向來認為「多子多孫多福氣」。只是，有的人雖然子孫滿堂，看起來很幸福，萬一出了忤逆不孝的子孫，那可就真的是有「福」又有「氣」了。不

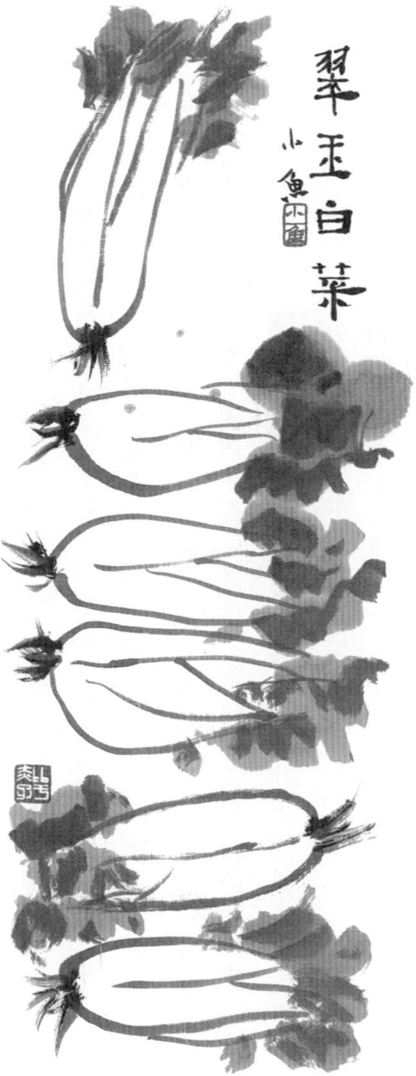
翠玉白菜
小魚

過，如果是一個聰明的父母，他讓每個兒女都接受良好的教育，人人明理、健全有德，一家人父慈子孝、兄友弟恭，其樂融融，這樣做父母的，自然就能有「福」而沒有「氣」了。

二、**有權沒有勢**：「權勢」一般都是相互為用的，有「權力」的人就能「勢力」顯赫，就能為所欲為，因而令人畏懼。但是，有的人有「權」沒有「勢」，他利用「權力」為民謀福，為民伸張正義；另一方面，他待人平易親切，親民愛民，不會「藉勢苟得」，更不會「仗勢欺人」。因為他有「權」沒有「勢」，因此更能為人所尊敬、愛戴。

三、**有驚沒有險**：人生就像行船在大海裡，難免遇到驚濤駭浪，隨時都有翻船的危險。有智慧的人，在面臨危險時，冷靜沉著，從容應付，結果安全過關，只是虛驚一場。所以能夠有「驚」沒有

「險」，這是人生很值得慶幸的事。

四、有愛沒有貪：「愛」和「貪」一般都是分不開的，有「愛」就想「擁有」，不愛，就想去除。因為「貪愛」，往往引生很多的煩惱痛苦，所以「貪」是「三毒」之一。但是有的人有「愛」沒有「貪」，例如佛菩薩慈悲普愛一切眾生，但不會貪愛眾生的回報；有德的人，對世間也是只想散發愛的關懷，不會另有企圖。甚至一些有修養的男士，對他所愛戀的情人，也是只有「愛」的奉獻，不會因愛而起「貪瞋癡」，自然也就不會受到毒害。

從以上四點，說明「有」和「沒有」並非絕對的好或壞，有什麼不一定好，沒有了什麼也不見得是壞事，所以對於世間的「好」「壞」，應該有另類的思考，應該用另外的邏輯去辨別。

有與沒有（二）

各位讀者，大家吉祥！

前文講到「有」與「沒有」，並非絕對的「好」或「壞」。現在要講，有的人做事介於「有」與「沒有」之間，因為只「有」前面的一半，「沒有」後面的另外一半，因此註定無法成事，例如：

一、**有心沒有力**：經常聽到有人說：「我很願意幫忙你，我也有心想要助成這件事，只是我『心』有餘而『力』不足。」這就是「有心沒有力」，這種情況就像「畫餅充飢」，無濟於事。

二、**有名沒有實**：有的人做官，只有虛名而沒有實權，自是很難有一番作為。甚至有的夫妻，只有名份，沒有事實，當然也難以建立幸福美滿的家庭。

三、有才沒有德：做人寧可無才，不能無德；能夠才德兼備，當然更好。只是有的人才華很高，可惜沒有道德，因此再高的聰明智慧，也會黯然失色。

四、有願沒有行：佛教講：「信、行、願，如鼎三足，缺一不可。」一般來說，有願力的人，自然會付諸行動；有了行動，才能達到目標。但是有的人經常發願，卻從來沒有付諸實踐，例如有二個人同時想要朝拜普陀山，其中一個發了願馬上實行，結果等他回來，另一個還沒有出發。這就「如人說食，終不能飽」，所以有願沒有行的人，成不了事。

五、有施沒有捨：布施助人原是一件美好的事，但是有的人施而望報；因為抱著有所求、有所得的心而施，因此不能稱為「喜捨」。

沒有喜捨心，縱然有施，但沒有捨，果報終究是有為的功德。

六、有勇沒有謀：勇敢是成功的力量，但是如果沒有謀略，也是「匹夫之勇」，終究成不了大業。但看歷史上，有時一場戰爭，眼看著就要勝利了，卻因為主帥無謀，結果一戰失江山，功虧一簣，寧不遺憾。

七、有寶沒有用：有的人天賦異秉，才華蓋世，但是他懶散無志，不肯把自己的聰明才智發揮在利人的事業上，整天只知吃喝玩樂，無所事事，最後流落街頭，

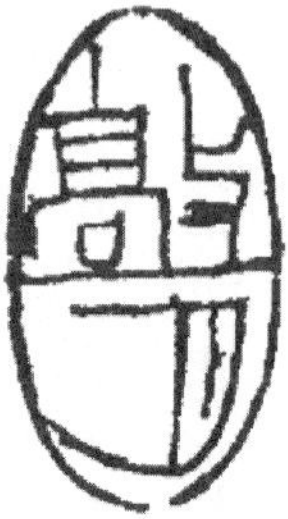

潦倒以終。這種人就如佛經裡的「懷珠作丐」，有寶而沒有用，豈不可惜。

八、有始沒有終：做人做事，都應該有始有終。所謂「勝於始者，未必有終」，例如劉備對漢朝雖有開創的功勞，但無終極的結果；「西漢三傑」之一的韓信，雖為漢朝建立了不世之功，但也不能善終，這就是「勝於始者，未必有終」的明證。

自古以來，許多忠臣志士如史可法、文天祥、岳飛等，都有滿腔報國的熱血，但是有開始，沒有終結，因此「長使英雄淚滿襟」，可不惜乎！

老人怕什麼

各位讀者，大家吉祥！

人活著，年輕時可以天不怕、地不怕；到了年老時，恐懼害怕的事就多了。老人有何所怕呢？

第一、害怕孤獨寂寞：俗云「鳥怕落單，人怕孤獨」，一些上了年紀的老人，尤其害怕寂寞，總希望有人陪著說話，以慰寂寥。現在社會有所謂空巢期的父母，或是沒有伴侶的孤獨老人，由於無人相伴，不但孤獨寂寞，有時死了都沒人知道，這是人生最可恐懼的事。

第二、害怕子女不孝：有些年老父母，不怕世上的任何恐怖安危，就怕子女不孝。如果生養了不孝兒女，不但不能獲得反哺，反而受其連累，例如在外賭博欠債、違法犯紀等，都讓父母不安。養了這種子女，也是家門不幸。

第三、害怕沒有後代：中國人傳宗接代的觀念根深柢固，一般父母到了年老時，如果子女遲不結婚生子，就為後代傳繼無人而憂心。其實國家民族江山代有偉人出，何必只顧及一家、一己之私呢？

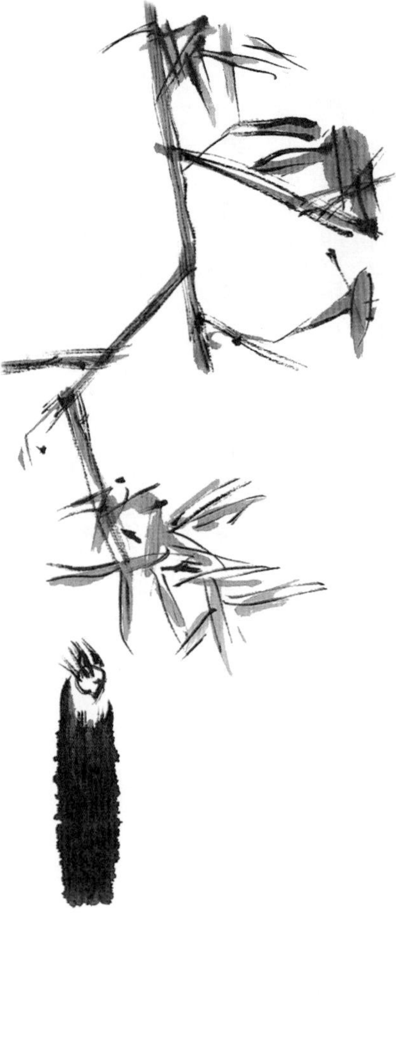

第四、害怕老病死苦：上了年紀的老人，老病死的無常弓箭隨時都可能射中他，所以老年人怕死，也不是沒有原因的。

第五、害怕顛倒癡呆：老年人體力日衰，除了容易患有骨質疏鬆、器官老化等老病以外，尤其現在有一種「阿滋海默氏症」的腦部疾病，會讓人變得顛倒癡呆，例如貴為美國總統的雷根先生，到了老年時患了這種俗稱的「老人癡呆症」，則過去的名望、財富、親人、崇拜者，對他又有何意義呢？

第六、害怕人生無望：人生在世，可以說都是活在「希望」裡，如果對未來沒有希望，則活著就失去了意義。有一些老人因為年輕時沒有立志，沒有規畫，沒有建立自己與社會的關係，所以老來感到前途無望，這真是很大的悲哀。

第七、害怕意外災害：老年人比起年輕人，更容易遭受一些意外災害，因為年老力衰，動作遲緩，對於一些突如其來的外力衝擊，往往來不及反應，所以容易摔倒，甚至水、火、風、震災等，都容易造成對老人的傷害。

第八、害怕被人倒騙：有的老人年輕時也懂得積蓄養老金，但是老來因為經不起別人的甜言蜜語而被拐騙，或者因為自己貪心，結果「偷雞不著蝕把米」，這都是讓老年人難以承受的傷害。

世間上，嬰兒才一出生就哇哇啼哭，似乎是對未來的安全與否感到害怕；之後慢慢長大，害怕父母管教、老師責罰、情愛生變、工作無著、家庭負擔等，可以說一直都是活在懼怕之中。尤其到了老年以後，更有以上的懼怕。不過，一個人如果從年輕時就懂得預備，老來又有智慧、人緣、信仰，則懼怕自然會減少許多。

老婆心

各位讀者，大家吉祥！

女人天性長於慈悲，就像觀世音菩薩一樣，尤其到了年老以後，真是「苦口婆心」，希望青年學好，所以「老婆心」就是慈悲心。

在網路上流傳一則故事：有一天，一名小學生乘車上學，下車時把便當遺忘在車上。鄰座的一位老婆婆發現，當即大喊：「孩子！你的便當喔！」頓時全車人的目光都望向她。但老婆婆無視於旁人的眼光，仍然一再的叫著：「孩子，你的便當喔！」但是小學生一心只趕著上學，沒有聽到車上老婆婆的叫聲。這時路旁的另一位老婆婆聽到叫聲，問道：「你叫什麼啊！」她說：「那個孩子的便當沒帶下車。」

這時車子已經緩緩發動。就在那個當下，路旁的老婆婆從窗口接過便當，趕上前去，把便當交給了小學生。老婆婆見義勇為，毫不退怯，這就是「老婆心」。

世間上什麼人有「老婆心」呢？

一、父母有老婆心：嬰兒呱呱墮地，父母推乾就溼，把一個無知的嬰兒養大成人，所受的辛苦，如果沒有天性的父母之愛，沒有老婆心，何能支持？

二、良師有老婆心：好的老師教導學生，不但方法要好，而且要有耐性，一而再，再而三，反覆講授，讓學生了然於心。沒有老婆心，不容易做好一個老師。

三、醫生有老婆心：醫生替人看病，重要的是「視病如親」。種種的呵護，仔細診

察，務必找出病因，以便對症下藥。良醫難遇，因為良醫不但要有高明的醫術，能夠妙手回春，而且要有老婆心。

四、君子有老婆心：所謂「君子」，就是有道德良知的人，他用愛心看待世間，所謂「君子愛人以德」，他對年幼的人，對比他無知的人，都站在君子的立場，施予有德的感化、有益的教化，所以凡是君子者，都有老婆心。

五、益友有老婆心：吾人交友，有曰「友直、友諒、友多聞」。真朋友，不會嫌貧愛富，只講道義；有時候為了朋友，殺身成仁，捨生取義，因為他有老婆心的緣故。

六、妻女有老婆心：一個家庭裡的女性，妻子對丈夫，既是妻子，又像母親一樣的呵護丈夫；女兒對父母，是女兒，自然以女性的溫柔侍奉父母。所以當今的女性，不待老了以後為人歌頌；有老婆心的人，就是在年輕時，他的慈心、愛心，都能受人讚美，這就是老婆心。

七、菩薩有老婆心：民間故事中，流傳多少觀世音菩薩化身老婆婆救度人民的故事。所謂「菩薩」，視男人如父如兄，視女人如母如姊，因此菩薩救度眾生，都和老婆婆同樣的耐煩，自願的助人一臂之力，毫不望報，是為老婆心也。

八、禪師有老婆心：在世界佛教史上，有萬千的禪師，他們給予青年學子的教導，或是棒喝，或是呵斥，或予慈愛，或予鼓勵，無一不是老婆心的表現。慧可在達摩祖師座前「立雪斷臂」，不是達摩祖師狠心，而是大慈大悲的要其徹悟也。雍正皇帝要殺玉琳國師的禪僧弟子，禪僧在寶劍一晃之下，廓然大悟，這也是老婆心的成就。

其實，世人皆有老婆心，可惜昧於無明、知見、對待、分別，而不能有同體的慈悲，也就失去了老婆心。

克難精神

各位讀者，大家吉祥！

數十年前台灣曾經提倡「克難運動」，體育界有克難球隊，社會上有克難樂隊，一般民間有克難住家等，一時「克難精神」瀰漫了各地。

「克難」真好，有的人克服物質條件不夠，有的人克服精神能力不足，有的人克服經濟實力、外在環境因緣的不具備；克難精神就是在不足、不夠之中，大家仍能發揮精神力，克服困難，達成目標。

在推行克難運動的時代裡，軍人用克難的方法作戰，工人用克難的方法管理工廠，家庭用克難的方法節約能源，一時「克難」蔚為風氣，那真是民族復興的契機。現在我們也要提倡克難的精神，例如：

一、**如果物質條件不夠，用心力思惟去補足**：現在的社會雖然經濟發達，文明發展，物質條件相當具備，但是物質的條件再怎麼豐富，總是有限。如果物質條件不夠，我們只要有心力思惟，就可以補足。例如，床鋪不夠，大地可以為氈；飯麵不夠，雜糧也可以維生；桌椅板凳不足，枯了的樹幹，折斷的竹子，都可以當作傢俱；家中的電力不夠，電燈不亮，油燈、蠟燭一樣可以照明。只要我們有心、有力，沒有事情不能成功。

二、**如果工作實力不夠，用飽滿精神去增強**：務農耕重的人，覺得自己的工作能力不夠，可以用飽滿的精神去彌補；工廠裡生產線上的員工，如果實力不足，也可以用飽滿的精神去加班。別人一個小時能完成的事，我可以用二個小時，三個小時，也要完成他。只要我的精神飽滿，心甘情願，那裡困難，就在那裡加強，那裡不足，就在那裡補足。

三、**如果知識學問不夠，用真心誠意去提昇**：有時候想做一件事，礙於知識學問不夠，確實會有使不上力的困難，但只要我用真心誠意去提昇，總能克服。例如，要做一個計畫，要寫一篇報告，沒有辦法時，我可以多想一些問題，多擬一些方法。甚至寫文章、訂辦法，自己不擅於文筆，也可以要求主管讓我用口頭報告。只要自己真心想要提升工作效率，沒有什麼事不能完成。

四、**如果人力財務不夠，用發心願力去輔助**：有的人想要創業，但是本錢不足，能力也不夠，即使如此，一樣可以用發心、努力去輔助。例如，要開飯店，自己可以做廚師，還可以兼跑堂；開小雜貨店，自己可以當店員，甚至還可以出門批發。別人八小時能完成的事，我可以做十二小時；人家花費萬元以上才能做成的事，我可以克服困難，只要三、五千元也能完成。人只要有思想，心力、願力，就可以克服一切。

以上克難的精神，主要是說明我們可以用心力彌補物力的不足，可以用精神力完成困難的事。儘管我們沒有很高的知識學問，但可以用克難精神去提升；我們沒有很雄厚的資本或人員，但學習螞蟻雄兵，用不貪不取的工作精神，也可以完成一切事。所謂「世上無難事，只怕有心人」，只要我們有心，大地到處都是黃金，何懼之有！

折扣

各位讀者，大家吉祥！

我們到市場買東西，買賣雙方都會論斤計兩，一方要將本求利，一方希望多打一些折扣。有時商家因為打個折扣，生意容易成交；有的因為沒有折扣，即使貨真價實，也是很難交易成功。物品的價值有折扣，其實人的一切也有折扣，例如：

一、人情的折扣：人和人彼此論交，逢年過節禮尚往來，婚喪喜慶也是禮數周到。但是時間愈久，雙方就調整人情，所送的禮品不再像過去一樣，因為現在交情比較平淡，因此打個幾分之幾，這就是人情的折扣。有時候我對你應該多一些感謝，只因為你的兒子沒有禮貌，你的女兒說話不當，讓我心中不舒服，因此你的盛情我也會打一些折扣。打折扣的人情，不就是世間的實相嗎？

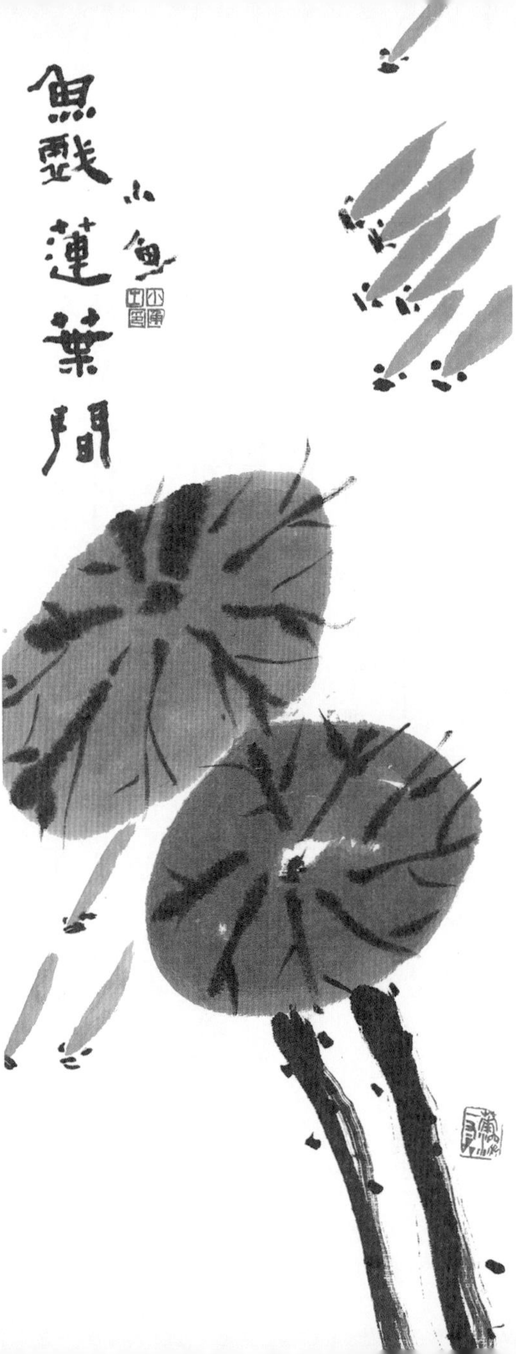

二、人事的折扣：人事也有折扣，本來可以升你為科長，只因受你的禮品簡陋，就請你做個幹事吧！你的功勞早就可以晉升少將，只因某些人事不能擺平，只能對你打些折扣。蕭何推薦韓信，漢高祖打了折扣，韓信一怒拂袖而去，害得蕭何月下追韓信；諸葛亮薦舉龐統，也因劉備以貌取人，覺得龐統長得醜陋，沒有加以重用，打個折扣讓他當縣官，最後龐士元一氣每日睡覺，不問公事，直到諸葛亮知道以後，劉備才把折扣的心理去除。

三、人力的折扣：人在公家上班，因為待遇菲薄，他心裡會想：你對我打折扣，我的工作也只有打折扣，這就是所謂「一分錢一分貨」。三國時，劉備最早重用徐庶，後來因為曹操取其母，強迫他離開劉備，結果徐庶雖然人到曹營，但一生不為曹操畫策設謀，因為你的方法不對，只有打折扣。現在的士農工商各界，幹才很多，只是沒有獲得重用，因此就以折扣的心情對待。其實，如果你的付出超越所得，長官終有一天會發現，到時還是會還給你一個公道，不會永久打折扣。

四、人緣的折扣：人緣也有折扣，說好說壞，都看他的折扣。你有十分好，但是他不肯以十分待你，只以五分讚美你，這就是折扣；你為人實在不好，他不想多對你落井下石，只是簡單輕描淡寫的打一些折扣。人緣就像一個度量衡，就像一把秤，這把秤不一定公平，因為人心不平，自古皆然。所以要想找到一個說話公平，不打折扣的公正人士，在今日的社會可說難矣哉。

五、人格的折扣：人格本來是沒有折扣的，一個人的人格是好就好，是壞就壞；但是由旁人觀之，他的功過就有差距，所以社會給他的評價也有不同。現在一些民選的公僕，所謂「選賢與能」，競選時每一個選民都要掂掂他的斤兩，尤其當權者在提名時，論斤論兩，都要對這些被提名的候選人，有的給他一些加分，有的則給他打一些折扣，都有不同的因緣。

六、人心的折扣：人心有慈悲的，有殘忍的；有喜捨的，有貪吝的；有善良的，有毒辣的；有助人的，有害人的。對於好壞不同的人心，如何給他們折扣呢？折扣就是分寸，如果應對得公平，是應該有折扣；如果應對有了偏頗，給予的折扣不公平，這就不符合折扣的意義了。

總之，折扣如係買賣東西，只要雙方同意，雖有折扣，也算公平；如果暗中做了手腳，對人偷斤減兩，有損他人的利益，折扣就不足為取了。尤其上述有關人情、人事、人力、人緣、人格、人心的折扣，還是應該給予公平的評價才好。

杜絕

各位讀者，大家吉祥！

「滴水雖微，漸盈大器，罅漏雖小，足以潰隄。」世間事，有時候看似無足輕重的小事，如果不懂得防微杜漸，一旦蔚成氣候，形成氣勢，則「星星之火足以燎原」，等到釀成大禍時再想補救，為時晚矣！

吾人平時言行上的一些不良習氣，經過長時期的累積、長養，可能就是未來為惡之源、墮落之因，所以佛教的「四正勤」中，所謂「已作之惡令息滅，未作之惡令不生」，也就是杜絕惡行、防患未然。一個人如果能時時自我觀照，不做壞事，不生起非分的心念，便能止息諸惡，而不致招感苦果。因此，世間上有很多事情，不但要防範，甚至要杜絕，例如：

一、**毒品要杜絕**：毒品危害之大，人人皆知，一個人一旦染上了毒品，不但成為廢人，甚至成為家庭的敗家子，成為社會的敗類。吸毒不是殺人，不是竊盜，但是染患吸毒惡習之人，為了購買毒品，可能竊盜、搶劫，甚至殺人。一個人只要染上了毒品，遲早會把自己的健康吃了，會把家族的榮譽吃了，會把自己未來的前途吃了，甚至影響到國家的發展，所以杜絕毒品是每個人的責任。

二、**謠言要杜絕**：謠言是道聽塗說，是沒有事實根據的話，但是謠言一旦被人說了三十次以上，就成為真實的事情。每個時代，當社會人心不安定的時候，謠言總像野火一樣，助長了人心的浮動、社會的不安。明朝吳三桂就是聽信謠言，說他的寵妾陳圓圓被闖王李自成俘虜，所以打開山海關讓清兵入關，借力征討匪徒，卻因此讓明朝亡國。謠言的可怕，由此可見。謠言止於智者，但世間的智者在那裡呢？

三、**暴力要杜絕**：從古到今，人類社會不斷出現暴力現象，不但國際間無端興起干戈，無理強佔別人的土地，甚至社會上，貪官污吏搶奪良家婦女，鋌而走險的暴徒使用各種手段加諸暴力於人民。過去中國的酷吏，經常動用刑罰屈打成招，及至今日，權力更是可

怕的暴力。暴力人人唾棄，一個善良的社會，要從杜絕暴力做起。仁王的政治、仁慈的行事，是全民一致的盼望。

四、貪污要杜絕：一個社會，政治上的官員操守不夠清廉，到處貪污，則必然民怨沸騰。個人貪污是個人的腐化，整個政府貪污成風，則是政治的腐化。歷代王朝的敗亡，不都是君主昏庸，官吏貪污所致的嗎？數年前，中共中央對於官僚貪污者，大都處以極刑。有人認為，貪污罪不致死，但是經過如此雷厲風行，大家都知道要清廉。由於有霹靂的手段杜絕貪污，才有清廉的社會。

五、投機要杜絕：國民黨當初在大陸失敗，主要是因為社會投機分子太多，整個商場買賣，爭相囤積居奇，尤其投機、走私，擾亂得人心不安，整個社會軍心渙散，民心反彈，以致一蹶不振，其不敗亡又能如何？所以世間萬事，好的要給予通路，壞的要加以杜絕。

私交

各位讀者，大家吉祥！

上古時期，有謂「大夫無私交」，為的是怕私交過重，形成朋黨，危害到國家的公益。然而時至今日，國與國之間、團體與團體之間、人與人之間，都講究私人的交情夠不夠？甚至「私交人員」也成為外交上的重要連絡關係。不過一般官員都懂得謹守此一外交規範，就是一般團體的重要人士，也會注意私交的得當與否？深恐稍有不當，會被主管炒魷魚。

究竟那些情況下是為不當的私交呢？略舉如下：

一、**私交敵國**：兩國斷交，成為相互敵對的國家，這時每一個國民，尤其政治人物，要以國家為重，不可以與敵國有一些私交往來，否則被安上一個「私通敵國」的罪名，那是非常嚴重的事。不過，國與國在敵對中，也不是絕對不能來往，只是凡有往來，應該呈報有關的主管，如此才能確保自己的安全。

二、**私交叛道**：有的人從團體裡叛逃出去，表示他的思想、理念，甚至所作所為，都已經和原來的團體背道而馳。此時如果你再和叛道者有私人的往來，這就是公然向團體大眾挑戰，後果可想而知。所以，每個國家、團體或個人，都有一些「異議人士」被列入黑名單，為了站穩職務上的立場，叛道者不可隨便交往。

三、**私交損友**：人不能沒有朋友，交朋友要交益友，不可以交損友。所謂「損友」者，就是思想不純、行為不正、吃喝嫖賭、花天酒地，甚至出賣國家團體者，這種朋友要列為「拒絕往來戶」。也就是說，舉凡販毒者，菸酒不離手者，遊蕩玩樂者，如果你沒有力量感化他，就不能和他靠邊站，否則受其影響，其過大矣！

四、**私交不當異性**：未婚的青年男女，異性交往，只要身份相等，家長同意，兩情相悅，都會順當，也會受到祝福。怕只怕對方已名花有主，或者對方家族有某些因緣反對，這就得謹慎考慮了。男女相愛，兩性結合，本是美事，如果弄成三角戀愛或婚外情，或是拐騙人口等罪名，自然麻煩多多。也有的青年男女，事先互不了解；因為不了解而匆匆忙忙的結合，等到相互了解後，懊悔不及，又再匆匆忙忙的分手。但是，男女婚姻，這等人生大事，豈容如此草率的分合，所以不當異性不能私交。

五、**私交幫派**：民主國家，都有國家公開承認的政黨。人民參加政黨，只要不引起黨同伐異，不引起思想衝突，不引起分裂報復，所謂在自由民主的旗幟下，無可厚非。除了政治上的黨派以外，現在社會上還有許多幫派。所謂黑道，有些黑道確實不公不義，教人望而生畏；但也有些黑道，急公好義，救苦救難。

一般人民受了冤枉委屈，找官府、法律，都無法得到應有的救濟，只有找黑道來報復，所以是非好壞就很難論斷了。不過，一個正常人士，安

分守己，平淡生活，還是不要輕易的私交幫派，以免惹禍上身。

六、私交同性戀：

有時候，正常的異性相戀，都會遭人蜚短流長；如果來個「同性戀」，在一個民風保守、社會觀念還未進步到這種程度的地方，要想讓整個社會大眾接受，其困難也就可想而知了。

關於「私交」，俗語說：「龍交龍，鳳交鳳，交個老鼠的兒子會打洞。」「私交」本來是應該受到尊重的個人自由，但如果牽涉到家族名聲，牽涉到思想問題，甚至牽涉到國家安全，那麼即使自己有能力私交，也不能不考量這些問題的是非後果。

委屈六事

各位讀者，大家吉祥！

人在世間生存，差不多每個人都有受委屈的經驗，有時父母對兒女無理的要求，有時老師錯怪了學生，甚至法院也有冤案、錯判的時候。雖然說「有理走遍天下，無理寸步難行」，但是有時遇到糾紛，即使「據理力爭」也不能討回公道，例如：

一、男人遇到女人：在馬路上，男女吵架，必定男人吃虧，或者在一個車廂裡，只要有一個女人大聲嚷叫「有色狼」，男人就百口莫辯。如果是真的色狼，罪有應得；如果是一場誤會，也只有受委屈的大呼「冤哉枉也」了。

二、**秀才遇到兵**：秀才是飽讀詩書的文人，通達古今聖賢之理，一心想做一個君子。但是秀才一旦遇到兵，也就是碰上一個不講理的人，再多的詩文道理也是講不清。因為秀才讀書的道理，不及槍桿子的道理；當講理的遇到不講理的，也只有受委屈的份了。

三、**大車遇到小車**：現在的馬路上，小自腳踏車、摩托車，中的有四輪小汽車，乃至六輪的大貨車、聯結車等；因為大家不守交通規則，不懂相互禮讓，經常大車碰小車，小車撞大車。一旦發生交通事故，不管誰有理、誰無理，大車總是比較倒楣，因為大就比較吃虧，就像兒女吵架，父母一般都是怪大的不好。這就說明，愈大愈要禮讓，不然大車碰到小車，有理也說不清。

四、**人民遇到政客**：政壇上，政治家與政客不同，政治家一心想為人民服務，政客只知謀求一己之利，甚至專門找人民的麻煩。一般

國家都有不少「以磨人為快樂之本」的政客，他們對人民的訴求概不關心，對自己的利益則是千方百計非達目的不可，尤其對人民極盡欺瞞、壓榨、威脅利誘之能事。可憐的小老百姓遇到這種政客，也只有委屈的忍氣吞聲，因為「民不與官鬥」，想鬥也鬥不過。

五、**英雄遇到病患**：社會上有許多英雄好漢，為人正直勤勞，熱心為民服務，尤其面對惡勢力毫不退縮，對於貪官污吏也無所畏懼，處處見義勇為，仗義直言。但是「英雄只怕病來磨」，一旦生病了，英雄再也無用武之地，只有徒歎無奈。

六、**忠臣遇到昏君**：歷史上，很多忠臣一生只想安邦定國，事事為民設想，但是不幸遇到一個處處只為自己設想的昏君，即使你有再多的治國良方他聽不進，你聲嘶力竭為人民呼嚎的聲音他聽不到，甚至你為興革社會而挺身，他認為你預謀造反。所以很多忠臣義士在昏君之前，才華不得發揮，理念不得伸張，只有含恨而終，豈不委屈？

以上六點，只是舉其要者，其實世間委屈不平之事，豈止如此！他如惡霸欺負良民，大人欺負兒童、壞人欺負善良、富者欺負窮人等，所以要在世間上生存，看來只有多受一些委屈，只有從修行「忍辱波羅蜜」來下功夫，否則又奈何。

抹黑

各位讀者，大家吉祥！

人類的行為真是無奇不有，「抹黑」別人就是一個很奇怪的行為。一個人被人抹黑，就如一面白色的牆壁，遭人胡亂塗上各種顏色，頓時變得髒亂難看；一張名畫，被人在上面隨便塗鴨，馬上失去原有的價值。一個社會名人，名聲、道德對他而言，幾與生命同等重要。有人因為對他的成就心生嫉妒，蓄意破壞，於是藉故或無端製造一些是非，在他的上司、家人、朋友、情侶之前抹黑他，或者在社會上用言論、文字故意栽贓他，破壞他的清白形象，讓他多年辛苦的成就，毀於一旦，這是人類最為惡劣的行為。

抹黑的可議之處，因為抹黑對被害人，甚至對整個社會都會造成難以磨滅的傷害。抹黑之可怕，例如：

一、**可以無事生非**：台灣每逢選舉時刻，抹黑的花招真是層出不窮。選舉是民主政治重要的一環，民主本來是很可愛的，但是有些候選人為了自己當選，不擇手段的抹黑對方，把他的祖宗八代、家人親族，甚至過去的前塵往事都挖出來抹黑，可以說多數都是「莫須有」的罪名。對於這種無事生非，故意栽贓的抹黑行為，真是令人痛心。

二、**可以混淆視聽**：所謂抹黑，例如故意曲解對方的語意，不是的說是，是的說不是，讓別人對你的言論主張，分辨不出真假。你到某人家裡訪問，只是單純的探訪朋友，他說你

結黨營私；你去弱勢團體救濟慰問，他說你收買人心，顯有賄賂之嫌。甚至說你曾和某個盜賊合夥，你們是朋友至交；你只是在路上和某個異性偶然相遇，他說你帶著情侶出遊，讓你百口莫辯。總之，種種混淆視聽的抹黑不一而足，不但傷害當事人的名譽、尊嚴，也損傷了社會的公理正義與是非正直。

三、**可以扭曲價值**：目前兩岸失和，有人倡導統一。中華民族團結合作，和平統一，本來是最好的目標，但他偏要說你出賣國家，甚至定罪為「台奸」。「二二八事件」已經發生一甲子以上的時間，每年不斷的被拿出來製造仇恨；如果你出面主持公道，倡導和解，他說你是台灣的罪人，不愛台灣。種種美好的價值被扭曲，社會怎麼能正常發展呢？

四、**可以壞人名譽**：名譽可以說是一個人的第二生命，抹黑最大的致命傷，就是壞人的名譽。他人兢兢業業，做一個正人君子，在社會上維護自己良好的形象；因為你的嫉妒、排斥、打壓、毀謗，施以種種抹黑，讓他的名譽受損。宋楚瑜先生不就是因為「興票案」而不能當選總統的嗎？甚至許多藝人也因為被抹黑而含冤莫白的自殺了事，所以抹黑的罪過不可謂不大。

五、可以自損陰德：抹黑的行為縱使一時能夠得逞，造成被抹黑者名譽受傷，甚至前途受損。但是「路遙知馬力，日久見人心」，我們相信世間仍有公道存在，正邪好壞還是不容混淆。即使社會輿論受了抹黑者利用，讓他人受到損傷，但是抹黑的人即使一時逃過法律的制裁，因果卻不會不算這筆帳。所謂「善有善報，惡有惡報，不是不報，時辰未到」，抹黑者必然自損陰德，因此被抹黑的人也不必太難過，因為因果必然不會辜負人，這是不容置疑的。

拒絕的藝術

各位讀者，大家吉祥！

在社會上與人相處，你找我幫忙，我請你協助，這是很自然的事，但有時候難免因為無法全部滿足別人的要求，而有「拒絕」的時候。

「拒絕」是很傷感情的事，例如他希望你花一點時間幫他做一件事，或者請你居中介紹，搭個線幫忙找一份職業，或者家有急需，想要跟你借一些錢，或是借個東西。有的人對於別人的求助，毫不體諒他人的處境，斷然拒絕，這也不是處世之道，所以「拒絕」要講究一點「藝術」，茲有四點看法提供如下：

一、不要斷然的拒絕，要有「代替」：你要跟我借一本書看，我說：「喔，那本書剛好被借走了，不過我可以借給你另外一本。」他想借一張桌子，正巧那張桌子有人在使用，我就把長條桌借給你吧。有人要你說項，你可以說：「我的力量不夠，如果你找更有力的某某人，或許更有助於事情的解決。」聽者或許不全然滿意，但你有代替的語言、方法，他也會感謝你的善意。

二、不要直接的拒絕，要能「婉轉」：別人有求於你，不是直接一句「不可」、「不行」就能解決問題，需要婉轉說明。例如，他想借用一下你的汽車，你說：「對不起，汽車正在工廠維修，大概需要一個禮拜的時間。」或說：「最近這輛車經常出現一些毛病，恐怕用起來不安全，你還是另外借一台比較好。」有人想要跟你約見，如果你直接拒絕，恐怕別人認為你架子太大，你可以說：「對不起，我最近感冒生病了，醫生說不能會客，請見諒。」因為你的婉轉說明，對方容易下台，他也不會輕易生氣。

三、不要無情的拒絕，要有「幫助」：朋友想要跟你借十萬元，你可以說：「真抱歉，我最近生意不好，手頭也很緊，不過我可以借你二千元應急一下。」有人向你介紹某個社會公益團體，希望徵求發起人，每人一萬元，你可以說：「很抱歉，我這個月沒有力量，不過我可以代為找一個朋友出一份。」

四、不要傲慢的拒絕，要有「同情」：有一些畫家，經常接到各方的化緣，希望他能捐一幅畫義賣。其實畫家本身的生活並不寬裕，經常面對社會各項勸募，也是窮於應付。但是如果拒絕，又怕被批為傲慢，這時你可以說：「我非常響應你們的善舉，也深知你們募款不易，只是我現在時間很忙，有一些既定的事要做，所以希望留待他日有機會再結緣。」你如此認同、體諒他們的辛苦，縱使拒絕，也能獲得對方的諒解。

拒絕實在是一門很大的學問，既不能斷然拒絕，給人失望，也不能直接拒絕，讓人難堪；能夠拒絕得給人歡喜，讓人接受，那就是拒絕的藝術了。

拋開

各位讀者，大家吉祥！

世間萬事萬物，有好有壞，好的我們要凝聚，壞的要拋開。例如懶惰懈怠等妨礙個人前途發展的惡習、不良嗜好等，都應該拋開；如果對國家、社會、大眾有益的事業，則應該提起。

面對世間的是非得失，善惡好壞，當提起則提起，當拋開要拋開。人生應該拋開一些什麼呢？

一、拋開無知的過錯：犯了過錯，已屬不該，如果犯了過錯，自己還不知道，就更罪上加罪了。所謂「人非聖賢，孰能無過，知過必改，善莫大焉」。但是有的人不肯認錯，不知有過，甚至過而不改，這就是無知了。一個人不能客觀的評鑑自己，不能自我反省，自我檢討，只是無知的認定自我，不能拋開私我，共事很難。

二、拋開自我的執著：「我」是每個人的主體，沒有「我」，就沒有主張，沒有思想，沒有意見，沒有主宰。例如寫一篇文章，文中必定有我的思想，我的見解，如此文章才有立場。但是有「我」，則我見、我執、我愛、我私，這都是人生最大的禍患。所以，我們做事，先要把我的意思昭告大眾，但是在做人方面，有時候不能太有我見。所謂「欲學佛法先無我」，在佛法裡，「我」是煩惱的主要來源，「我」為自己的人生造成許多障礙，因此我們怎麼能不拋開自私的「我」呢？

三、拋開名利的占有：一般人對名利都有渴望獲得的心，那能有拋開名利的認識呢？當然，在人間生活不能少了名利，名利對人生的貢獻是很重要的。不過在另一方面，名利對人生也造成許多的罪惡，例如為了貪名獲利，不顧友誼，不顧道義，不明是非，在名利之前，不當的獲得，非法的占有，像今日社會，許多人強占理事長的名位而不放，不注重世代交替，這種名利合適嗎？

四、**拋開人情的關說**：中國人做任何事情，都要運用各種關係去關說；有關說，裡面就有不合法、不合理。不可以通過的，因為關說，看在人情上，不得不給予放水通過。所以凡是有關係的人，什麼事情都沒有關係，凡是沒有關係的人，事事都有關係。事情的成敗，不以合法與否來交待，而以人情關說為主，你說這樣的國家政治，又怎麼能讓大眾心悅誠服，心甘情願的來接受你的領導呢？

五、**拋開兒女的私情**：很多為人父母的大官，為了兒女，總是顧念私情；也有一些兒女，仗著父母的庇蔭，享受特權，甚至在社會上為非作歹，讓人側目。安徽有一名高官的子弟，為了防火巷的一尺之地，與鄰居爭執不下，致函給在北京作官的父親，要他用權力施壓，令對方讓步。明理的父親回了一封信，上面寫了一首詩：「萬里投書只為牆，讓他三尺有何妨？萬里長城今猶在，不見當年秦始皇！」像這樣拋開私情的父親，希望今日社會上能愈多愈好！

拍馬四法

各位讀者，大家吉祥！

喜歡聽好話，這是人的天性，尤其奉承自己的好話更是百聽不厭，因此一般說來，「吹牛」的人很容易被人識破，但是「拍馬」的人不容易被拆穿，此乃人皆歡喜受人奉承之故。正因為如此，自古以來歡喜拍馬的人都很容易受人重用，例如魏忠

賢、和珅等人都是拍馬之輩，也都備受皇帝的信賴。

　　但是，拍馬也要拍對地方，尤其要拍得恰到好處。話說有甲乙大臣兩人，甲大臣平時極受國王寵信，乙大臣雖然極盡逢迎，卻都不得要領。有一天，乙大臣忽然發現甲大臣得寵的原因，原來每當國王吐痰後，甲大臣很快就用腳把痰擦拭乾淨，所以很得國王的喜愛。乙大臣也想仿傚，但每次國王吐完痰後，都被甲大

臣捷足先登，一腳就把痰擦了。這一天甲乙大臣隨侍在側，國王又「喀、喀、喀」準備吐痰，乙大臣為了搶先，沒等國王吐痰，就一腳往國王的臉上踢去，結果把國王的門牙給踢掉了，後果當然可想而知了。

這雖然是個笑話，但說明拍馬要掌握好時空、分寸，才不至弄巧成拙。尤其拍馬的人不能有自己，要一心一意迎合對方，恭維、讚美、吹捧對方，要去揣摩對方的心意，他喜歡什麼，就要盡量投其所好，如此才能贏得對方的歡心。因此，善於拍馬者：

一要委屈奉承，極盡諂媚阿諛。

二要金錢賄賂，滿足對方需求。

三要表示殷勤，極盡逢迎稱揚。

四要假意順從，博取對方信賴。

所以，拍馬者有奉承法、奉獻法、賄賂法、獻供法，也就是透過跟隨、語言、物質、行動等方式來向對方示好，贏得對方的好感與信賴，從而獲得自己所希望達到的目的。

拍馬，一般給人的印象都是負面的，因為拍馬者多為巧言令色之輩。現在社會上流行「馬屁文化」，這雖然不值得提倡，但人生有時候也要學習拍馬，因為一個人如果完全不能體會、了解領導者的心意，又怎麼能獲得他的信賴呢？只是如果一味拍馬奉承，也有失自己的人格尊嚴，所以做人不能完全沒有原則、沒有是非，但是也不能太過於是非分明，完全不留給別人轉寰的餘地，也太過不近人情。

總之，所謂拍馬者，說得好聽就是隨緣隨分，說得難聽一點，就是沒有個性，沒有主見，是個隨波逐流之輩。因此，如何拍馬才會恰到好處，才能恰如其分，還是要靠智慧。

腐蝕

各位讀者，大家吉祥！

宇宙星球的運轉，當月球運行到地球和太陽中間，太陽光被月球所擋，無法射到地球上來，就會發生「日食」的現象，又稱「日蝕」。

蝕，就是虧耗、毀壞。做生意的人最怕「蝕本」，銅鐵金屬最怕「腐蝕」。一件完美的東西，因為腐蝕而逐漸損壞，腐蝕的可怕，不能不預防。人生尤其要預防各種腐蝕，例如：

一、**歲月腐蝕青春**：每一個人都有青春年華，但是一朝青春不再，因為被歲月腐蝕了。人生的青春，有活力、有熱情、有意志、有希望在向他召喚，有美景等著他觀賞。但是當歲月一天一天腐蝕了青春的時候，青春就像逝水年華，一去不復回。人到了年華逝去、青春不再的時候，很多理想、抱負，也都不容易建立了。

二、**安逸腐蝕壯志**：人，一方面有凌雲壯志，一方面又貪圖安逸享受；過分的講求安逸，腐蝕了自己的雄心壯志。現在一些富有人家，都像天堂一樣，前院有花園，室內有空調，要吃的冰箱裡應有盡有，要睡有舒適的名床。如此安逸的享受，學生怎麼肯到學校裡去坐破板凳讀書呢？青年為什麼要到外面去奔波賺取金錢呢？太過安逸的生活，讓凌雲壯志不能展開。

三、**毒品腐蝕健康**：現在社會毒品氾濫，已經嚴重到了無以復加的程度。一些青少年因與毒品為伍，為了找錢購買毒品，於是偷盜、詐騙等惡習就因毒品而衍生。毒品不但腐蝕健康，腐蝕理智，更為嚴重者，一些泯滅天良的大人，用毒品控制青少年的身心，控制風塵女郎的善良本性。吸毒本身雖然不是嚴重的犯罪行為，但是毒品腐蝕人性，腐蝕社會，甚至動搖國本，豈不嚴重。

四、**虛榮腐蝕純真**：人有一種虛榮心，尤其青春荳蔻年華的少男少女，更因虛榮心作祟，崇尚名牌，追逐玩樂。家中日食三餐艱難，他在外面花天酒地交遊；父母為明日生活而掛念借貸，虛榮的兒女還在外面胡天胡地的遊蕩。本來單純的少男，原為清純的少女，應該可以為前途好好打拚，但因愛慕虛榮，人生的價值、美好的前途，統統被腐蝕而不值得一談了。

五、貪污腐蝕名聲：成年人也有愛慕虛榮的一面。西裝革履，一副紳士的樣子，實際上不讀書，不講究實力，只靠耍些小聰明、小手腕虛應故事。尤其在政府為官，在機關服務，只要接觸到金錢，常常經不起誘惑就會貪污。在公家機關服務，貪污的人反而容易生存，不貪污的人容易被人排擠。但是貪污腐蝕名聲，一些身居高位的大官要員，常常因為貪污，最後落得身敗名裂，名聲掃地。人生走到這樣的地步，還有什麼價值可言呢？

保密

各位讀者，大家吉祥！

現在是個重視個人「隱私權」的時代，每個人都有不欲人知的祕密。甚至不只個人有個人的祕密，商場也有商場的祕密，尤其國家更有國家的機密。不管政治的機密、軍事的機密，所謂「保密防諜」，一直是舉世各國在國防上努力加強的重要課題。在美國，雖然貴為一國總統的尼克森，因為竊聽民主黨的祕密，「水門案」一爆發，最後黯然下台。中國的春秋時代，燕國太子丹為了謀刺秦王，當時的名士田光推薦荊軻，太子說：「此事關係燕國存亡，務請保密。」田光曰諾，回家後立即自殺，表示他不會洩漏機密。

保密的重要，尤其現代的戰爭，可以說完全是一場情報的攻防戰，對保密防諜一定要做到滴水不漏，所以有所謂「死間」，也就是即使危害到生命安全，也不可以洩漏絲毫機密，這是每個情報人員應有的操守。

現在社會上，有一些人不知道保密的重要，專作「包打聽」，見到人都說：「我告訴你一個祕密」，聽的人也不知輕重，又再轉告其他人：「我告訴你一個祕密」。如此輾轉流傳，所謂的「機密」不需多少時間，立刻遙傳千萬里，是真是假，搞得大家一頭霧水，不知真相為何。其實，無論什麼事，應該宣布的時候，負責的人會宣布，其他人提早洩漏，就是不當；股票內線交易，就是犯了這個忌諱。因此，不管事情輕重，不論事情公私，在沒有宣布的階段，我們替別人保密，這是做人應有的涵養。茲略述保密的意義如下：

一、**保密是責任**：我們一生當中，必定有多次參與研商的祕密會議，或者自己保管祕密檔案；除了有關的頂頭上司以外，不可以洩漏絲毫的祕密，這是我們的責任。所以擔任情報工作的人員，都要挑選有道德、有責任感的人，否則洩漏一個祕密，危害到別人的生命財產，後果嚴重。

二、**保密是誠信**：保密不僅是責任，更是關乎一個人的人格、操守。因為別人把祕密告訴你，就是信任你，如果隨意洩漏，就是失信於人。所謂「人無信不立」，能夠替人保密的人，才可以和他共事；胸無城府，口無遮攔的人，做一些事務性的工作，當然也有需要，但是保密是另外一種高尚的

品德，代表做人的誠信，更為重要。

三、**保密是厚道**：保密不僅是責任，是誠信，更是為人厚道的表現。現在的社會，不但公事上很多機密，就是私人，如電影明星跟誰結婚？何時結婚？總想保密。公眾人物，不想曝光太多，應該給予尊重，例如一個人有多少財產，是他數字的祕密，只要不是偷、不是搶的，不需要由別人來為他宣布；一個人的往事歷史，家事身份，他不希望別人知道太多，你一再打聽、刺探，就不厚道。凡是足以造成對別人傷害的事，你洩漏了就有失厚道，所以過去的社會「隱惡揚善」，被視為是積「陰德」。因此，一個人的性格厚道與否，從他能否為人保密，也可看出一二。

四、**保密是修養**：保密是修身忍性的功夫，必須有這樣修養的人才容易做到。有的人修養不夠，大嘴巴，好說別人的祕密，一說到別人某某私事，就覺得非常痛快，甚至一些國家大事，他為了表示自己有能力，不知輕重的一直向外發表。洩漏個人的祕密，可能有牢獄之災；洩漏國家機密，可能有喪生失命的危險。

五、**保密是自重**：一個不能保密的人，別人講話都對他嚴防三分，因此不能守密的人，別人不會太看重他。集會共事，大家總說他會洩漏機密，要敬而遠之，所以能夠保密，就是懂得自尊自重。不隨便洩漏祕密，把保守祕密當成是做人的義務，甚至覺得保密比洩密更為快樂時，他就是真正成熟了。保密，豈不重要乎！

待敵之法

各位讀者，大家吉祥！

世間上，國與國之間有敵國，團體與團體之間有敵對，人與人之間因為不合而成為敵人。「化敵為友」是最高的策略，一個人縱使有十個朋友的幫助，仍不及一個敵人的破壞，所以聰明的人在社會上待人處事，都懂得不要樹敵。假如不幸有了敵人，應該怎麼待敵呢？

一、**感化他**：對方的敵意不強，自然容易感化，如果敵意很強，個性剛強，不易感化，只有在背後不經意的說他好話，讓朋友把你的善意傳話給他。因為背後的善意不是有心的，有心栽花花不發，無心插柳柳成蔭。

二、**融入他**：如果不能感化他，就只有想方法融入他，只要不是壞事，就附和他，贊成他，成就他，自然能融入他。唯有讓他能容你，不與你為敵，你才能安全。

三、**寬恕他**：如果對方得罪了自己，心裡憤憤不平，好像吃了悶棍、暗虧，也不必報復，冤冤相報何日了結。如果可以的話，寬恕

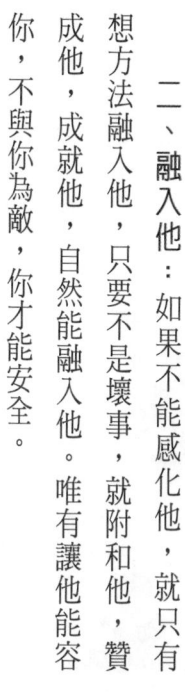

他；寬恕敵人雖感委屈，但是化敵為友，總比讓敵人在暗中對你造成威脅來得好。

四、**忍耐他**：有些敵人，感化沒有用，融入他、寬恕他也沒有用，這時只有忍耐他，如布袋和尚說：別人譏我、謗我，我忍他、耐他，再過幾年，你且看他。當然，我們對敵人不必心存報復，如果敵人是好人，我們應該向他認錯，牽就他；如果敵人是壞人，不須我們反對他，自然有人打倒他，所以且待以後看他就好了。

五、**遠離他**：敵人記恨我們，耿耿於懷，那麼我們再怎麼低姿態，方法用盡也不能化

解，最後只得遠離他。老虎雖毒，你不居山林，牠又能奈你何？毒蛇雖狠，你夜晚不在草叢散步，也不會與牠相遇。刀棍劍戟、洪水猛獸，你遠離牠，自然就不會受其威脅。

六、**幫助他**：身邊的敵人，你能幫助他，讓他升官發財，讓他飛黃騰達，則成就他升遷調職，就等於去除了身邊的大患，所以看起來是幫助他，實際上敵人離開了，不就是幫忙自己嗎？

中國的三十六計，有很多對敵之法；但人和人相處，冤家宜解不宜結，何必要用對敵之法加深彼此的衝突、矛盾呢？人與人之間能和平相處，能夠互伸友誼的手，大家相互尊重，彼此包容、友愛、體諒，人間不是一片光明美好嗎？

歷史上，藺相如大度包容武夫廉頗，最後不是感得他「負荊請罪」嗎？武林人物要報仇雪恨，可是一旦被感動，甘願為婢為奴數十載，不是也不乏其例嗎？待敵之法，不一定要惡言相向，可以用笑臉相迎；不一定要用武力降伏，可以用慈心相待。對敵之道，不以仇恨為主，要以慈愛為重；不以結怨為高，要以結緣為上。聰明的人做人處世，不妨三思。

流言

各位讀者，大家吉祥！

世間上有一種能夠傷人於無形的力量，叫做「流言」。流言是沒有根據的話，一旦經人散布，在大眾之間流傳開來，就像沒有定性的風一樣流來流去，所以稱為「流言」。

中國的字彙確實很有意思，天馬行空的雲彩叫「流雲」，瞬間消逝的星星叫「流星」，不穩定的沙石叫「流沙」，到處打家劫舍的盜匪叫「流寇」，動不動就打人甚至壞事做絕的惡霸叫「流氓」，女性在暗巷裡賣春叫「流鶯」，鳥類傳染病毒叫「禽流感」，甚至有的感冒稱為「流行性感冒」。

談到「流」，流風、流行都經不起時間的考驗，但是一句流言所造成的禍患，其結果卻是很難逆料。試就「流言」說明如下：

一、**流言的得失難以捉摸**：一句流言，慢慢成為謠言，成為順口溜，成為童謠，甚至歷史上靠流言當上皇帝的，大有人在。靠流言獲益的，必是放流言的人；被流言中傷者，必是受害人。但是有的人放流言傷人，最後反而害了自己；有的人則拜流言之賜，一夕成名，可謂因禍得福。甚至在一個公司、團體裡，有的主管因為一些流言而失去職位，有的人則因此而升官發財，所以流言的得失，有時也讓人難以捉摸。

二、**流言的是非難以清楚**：所謂流言，究其內容，都是一些關乎別人私密的是非，或是破壞好事、傷害他人的不實之言。雖然有人說「是非以不辯為明」，但也有人主張對流言要加以澄清說明才好，只是流言一經散布，銳不可當，要想把流言的是非說清楚，就如同繪畫，真是「越描越黑」，談何容易。

三、流言的傳播難以定準：所謂「好事不出門，壞事傳千里」，流言雖然沒有確實性，但是傳播迅速，因為人性中總有一些幸災樂禍的心理。有的流言傳個三、二天就消聲匿跡，有的傳播三、五個月，還是甚囂塵上，沸沸揚揚。有的流言不出三五里路，有的流言傳播千里；有的流言有人相信，有的流言不只聽的人不信，傳播流言的人也是將信將疑，所以流言的傳播難以定準。

四、流言的傷害難以計算：流言是一些沒有經過證實的耳語，它像暗箭一樣，雖然來路不明，但對當事人造成的傷害是必然的。甚至不僅造成當事者個人的傷害，有時還牽連到親友、團體，導致在財政、名譽等各方面無法估計的損失，所以流言的傷害難以計算。

　　社會上有一些名人經常飽受蜚短流長之苦，如中國大陸一名電影紅星，自殺時留下四個字「人言可畏」。台灣多次發生銀行擠兌的現象，也是起於一句流言。

　　流言有時是空穴來風，有時像是煞有介事，如何辨別是非流言的真假？如何讓流言造成的傷害降到最低？所謂「是非止於智者」，唯有人人都當智者，才能讓流言無所遁形。

看護

各位讀者，大家吉祥！

人難免會生病，只是病有大病、小病的不同而已。俗語說：「英雄只怕病來磨」，不管身體如何強壯威武，一旦生病以後，就不是英雄，而是狗熊了。

人，需要別人幫助的事情很多，其中最重要的是病中的看護。人有病了，在病床上呻吟、痛苦；假如沒有人看護，真是孤獨地獄，比牢獄之苦有過之而無不及。

負責看護的護理人員，最好是自己的親人，如父母之照顧兒女，如兒女之照顧父母，或者兄弟姊妹，或是至親朋友。萬一「久病床前無孝子」，不得已花錢找職業的特別看護，充其量也只能和醫生做一些醫療上的連繫，但是病人心靈上的安慰、鼓勵，就不是一個特別看護所能勝任的。

疾病也有多種不同的程度，有些病人不痛不苦，只是年老油盡燈乾，體力不支，這種病人容易照顧；有些病人身體受了嚴重的傷害，或者罹患不治頑疾，導致病軀疼痛難忍，每天在病床上輾轉反側，不斷呻吟，這就不是一、二位護理人員所能負得了的責任。所以護理人員要有慈悲心，要能視病如己；不能把病人看成是自己，厭惡病人，怎能為其服務呢？

茲將護理之要，簡說如下：

一、**處理病人之事**：做一個護理人員，最重要的，能如實把病人的感受報告給醫生，讓高明的醫生診斷如何下藥。除了代替病人說出他的需要，讓醫生和他的家人都能了解，給予幫助；病人的便溺痰唾等污穢之物，護理人員不能顯出厭惡的樣子，應該好好的給予處理，讓他安心。尤其病人時而要吃，時而要睡，時而要這，時而要那，都要耐煩，不能嫌棄。護理人員這個時候的工作任務，就是病人健康的化身，要做一個討病人歡喜的護理。

二、**了解病人所需**：做一個稱職的護理人員，不只是了解病人身體的醫療，更要了解病人的心理需要、情緒感受。有的病人，在病床上想家，甚至掛念他的財產、兒孫、未完的心願等，護理人員要能適當的解除病人的掛念，讓他放下，但不可以說一些悲傷的事，要讓病人喜悅，這是重要的功夫。

三、**幫助病人除苦**：一個好的護理人員，不只是消極的照顧病患的需要，更要積極的幫助他解除痛苦。最好能給予心理建設，從身不苦做到心不苦。因為，病人常常因身苦，引起心中的煩惱痛苦；相對的，心中的力量也可以減少身體的痛苦。因此，如果病人喜歡看報，盡量給他一些新聞資訊；病人喜歡聽音樂，針對他的需要提供一些有助心情愉快的音樂；病人喜歡看電視，注意一些他喜歡的節目，讓他看了能減少痛苦。這時候護理人員要以病人的需要為主，不能要病人隨自己的意見，應該以病人為第一，這是做一個看護最基本的認知。

四、能為病人說法：護理人員最好能為病人說一些解憂除惱的笑話、故事，幫助病人除苦。或者能為他說佛法，燃起他對生命的希望，但是不要說太深奧的道理，以能令他心開意解的故事最好。假如自己不善於說法，可以安排與他有緣的師友，或宗教師來幫助他；如果，他的世緣未了，病除苦消的那一日，也就是護理人員功德圓滿之時。

卷三

做好事

做好事，舉手之勞功德妙，
服務奉獻，就像滿月高空照。
做好事，把侵犯傷害的行為，
轉換成利益大眾的佛事。

突破

各位讀者，大家吉祥！

軍隊被敵人圍困，要想辦法突破封鎖；太陽被烏雲遮蔽，要努力突破雲層。小雞孵成，要突破蛋殼而出；蝴蝶要突破蛹的束縛，才能展翅飛翔。人也有很多需要「突破」的障礙，例如：

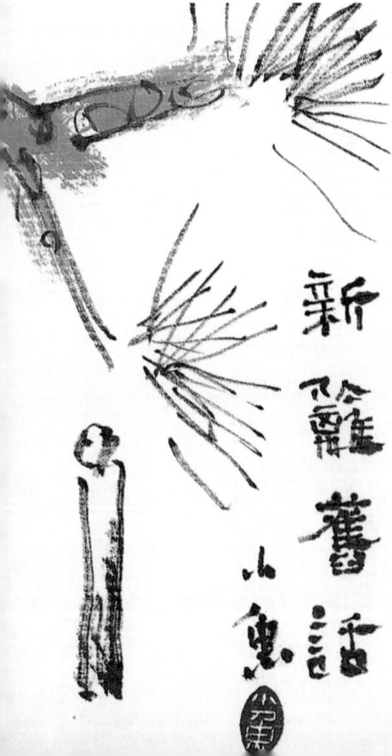

一、官員要突破賄賂：官員最大的敵人，就是貪污。有人說「無官不貪」，其實也不盡然，中國官場裡不貪污的清官，仍然比比皆是。但是官員一旦貪污，就沒有了是非，尤其貪贓枉法的人，會用金錢擺平一切。所謂「拿人的手短，吃人的嘴軟」，因為貪污，官聲、官威、官權、官能就都使

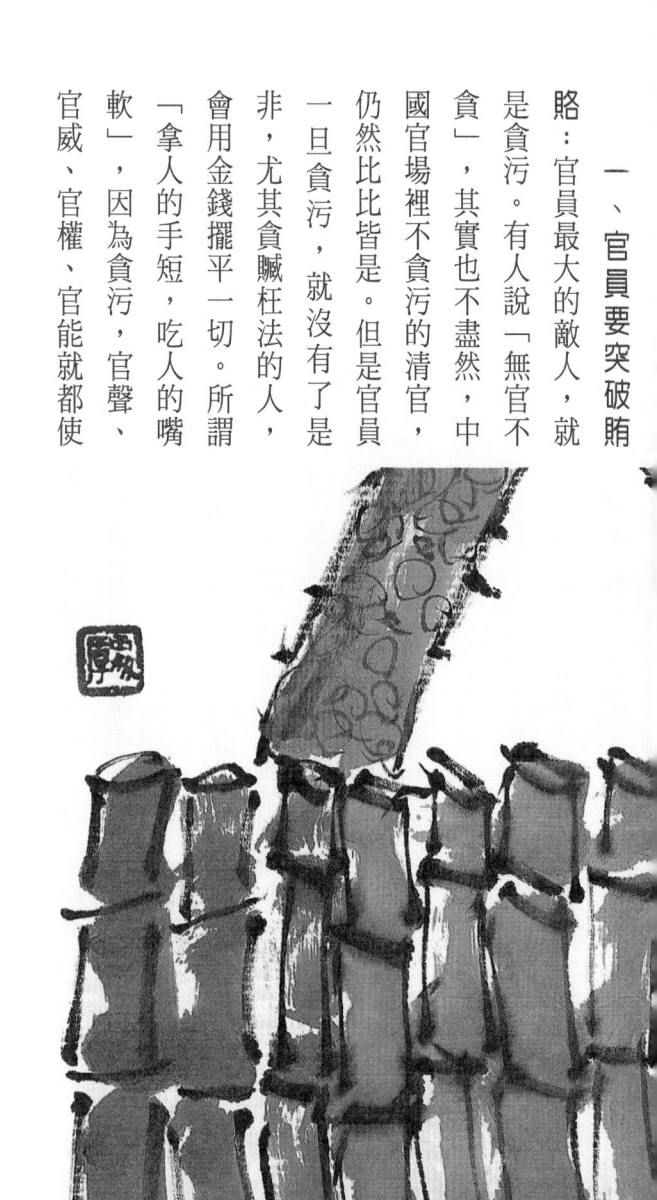

用不上了。春秋時代，吳國因為太宰伯嚭貪財，接受越國的賄賂，因此亡國；明末吳三桂因為貪財好色，最後斷送了大明江山。貪污之可怕，由此可見。

二、檢警要突破人情：在國家掌管法律的司法人員，尤其是第一線的檢警人士，常受一些人情的包圍，是非曲直就難以分清。其實情是情，法是法，所謂天理、國法、人情，要能平衡清楚，則司法公平，即使作奸犯科者被處死，也是罪有應得。能夠懲惡不殆，讓人民對司法建立信心，自然對國家有信賴感，所以司法要公平、公正，檢警人員必須突破人情的包圍。

三、運動員要突破紀錄：運動員在競技場上，最大的目標就是突破瓶頸，創造紀錄。一個十項全能的運動員，能夠創新紀錄，受到全世界的歌頌、讚美，揚眉吐氣於國際，此等榮耀，帝王將相也不能和

他相比。

四、兩性要突破歧視：世間上凡是「兩個」，就有對待；有對待，就有強弱、大小的對立。例如，國際間，強國欺負弱國；民族間，你歧視我，我歧視你。自古以來，兩性間更是難以平等相處，女性一向受到不平等的對待，經常受到男士一些不經意的話語輕視，例如：「何必和女人計較」、「你怎麼可以把女人說的話算數」？這就是對女性的歧視。其實男女各有特長，應該互補、互助，兩性平等，和諧共處，人間社會才會更美好，所以兩性要突破歧視。

五、思想家要突破褊狹：所謂思想家，知識要博大精深，見解要恢宏開闊，對問題的分析、判斷，要抽絲剝繭，旁徵博

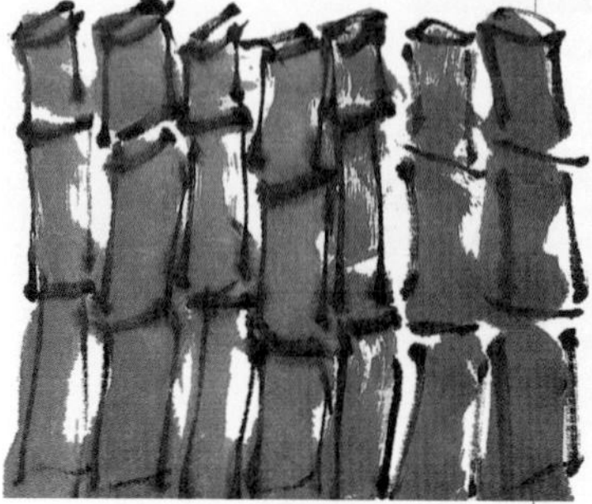

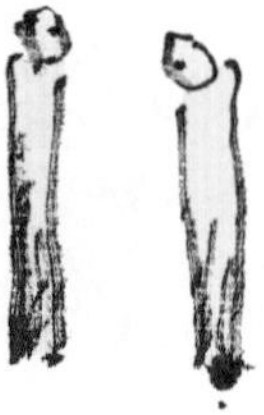

引，議論不能有偏見，不能有短見，評論要中肯客觀，中規中矩。思想家等於是人類的先知，社會的良師益友，思想家如果觀念偏見、狹隘，不能公平公正，則不夠資格稱為思想家。

六、修道者要突破執著：一些嚮往宗教的人士，他們走進宗教裡，最大的目標就是要突破執著。只是一些修道有成的人，雖然「我執」易破，但「法執」難除，凡事一定要實行我的意見、我的方法，不能付諸民主，這樣的宗教家連政治家都不如。他們有時候為了一字一句，完全不考慮對方的需要、價值，一直壓

制對方，不能平等共存，殊為可惜。所以人生要能突破執著，才能容人容事，才能思想開通，才能活出歡喜自在的人生。

總說突破，就是人要能從束縛的框框裡走出來，就如一間房子失火了，你要能破窗而出，總不能坐以待斃。人生難免有瓶頸，能夠突破瓶頸才能擴大，正如牢獄裡的犯人，總想突破監禁，重獲自由。人生最要突破的是內心的貪瞋邪見，所以要點起心靈的燈光，才能驅除黑暗。如果我們時時都能想著要突破煩惱的囚執，突破名利枷鎖的束縛，突破人我好壞的對立，如此才能真正獲的解脫。

個人之怕

各位讀者，大家吉祥！

心理學家佛洛依德說，恐懼是與生俱來的特質。世間上，不但人皆各有所怕，即使國家也害怕奸臣，團體也害怕不良份子，乃至士農工商各界人等，都有各行各業之所怕。

說到一般個人之怕，試舉其例：

一、**怕鬼**：世間上到底有沒有鬼？雖然幾千年來尚未有定論，不過鬼有鬼的世界，有的人卻把鬼弄到自己的心中，弄到自己的生活裡，例如「疑心生暗鬼」，甚至「疑心鬼」之外還有「貪心鬼」、「瞋心鬼」，乃至在行為上與鬼為伍，所謂「色鬼」、「賭鬼」、「酒鬼」等。其實，人與其說怕鬼，還不如說怕人；鬼可怕，人更可怕。

二、怕痛：世間上有的人死都不怕，卻是怕痛，例如牙痛不是病，痛起來要人命。其他如胃痛，飽也痛，餓也痛；乃至頭痛、心痛、肉體痛、骨頭痛等。總之，人有了身體就無有不痛，雖然現在有各種止痛藥，或是嗎啡等麻醉針、麻醉劑，但是儘管防治的方法再多，「痛」還是難免的。

三、怕窮：「一錢逼死英雄漢」，人窮到貧無立錐之地時，雖然可以到處流浪，但是如果窮得三餐不繼，日子就不容易過了。所謂「飽漢不知餓漢飢」、「富人不知窮人苦」，貧窮之苦，但看歷史上有的朝代鬧革命，有的地方農民鬧起義，乃至一般人為錢財打官司等，都是為了「貧富交戰」也。

四、怕險：危險也是人之所怕，有的人不敢乘船，有的人不敢搭飛機，有的人不敢登山冒險。其實，人生到處無不充滿風險，投資的風險、疾病開刀的風險、職業的風險、甚至幫人得當與否，都有危險。人在危險之前，就有自私，自己顧念自己的安危，所以做與不做，都情有可原。

五、**怕苦**：人生的苦很多，從出生後就有「生」苦，之後有「老」、「病」、「死」苦，以及「求不得」，甚至「怨憎會」、「愛別離」等人我相處之苦；乃至戰爭及大自然迫害之苦。人因為怕苦，因此要訓練自己有抗苦、應付苦的力量，所以佛教有八萬四千無量法門，都是除苦之道。

六、**怕騙**：經常聽人告誡說「要小心受騙」，包括感情、金錢等。其實人之所以會上當受騙，例如被金光黨、詐騙集團所騙，大部份都是因為「貪心」，如果不貪，一切以正常的管道行之，就不容易受騙。

七、怕小：人太小，總是被人看不起，不但走路走在人後，講話也不比別人大聲，甚至因為沒有錢財、背景，在社會上沒有地位，總是受人輕視等。所謂小人物有小人物的悲歌，小人物有小人物的歎息，這也是人生一苦也。

八、怕大：俗云「人怕出名豬怕肥」，有的人太大、太有名，就有盛名之累，不但到處被人嫉妒、障礙，受人圍剿、攻擊，尤其地位愈高的人，目標愈明顯，處境也就愈危險，例如有的總統被暗殺，就是因為太高、太大，所以偉大的人也有很多的風險、災難。

總之，人生有很多的困境，最好的解決方法，就是行之於道德、人格，能夠有慈悲、智慧，就能應付世間，不被世間打倒。如何有慈悲、智慧？那就只有靠修行了。

原諒他

各位讀者，大家吉祥！

「原諒他」是很好的美德，對於別人偶而犯下無心的過失，應該給予包容、原諒，因為「人非聖賢，孰能無過」，所以大人不計小人過，原諒他，好人不計壞人的冒犯，原諒他。

「原諒他」很好，但是世間事也不是一概都能原諒的，孔明「揮淚斬馬謖」，就是不能原諒他；鯀治水失敗而受刑，也是不能原諒他。現代社會，有的兒子吸毒，父親送子法辦，就是不能原諒他；歷史上，許多亂臣賊子、奸佞小人，史書秉筆直言，都是因為不能原諒他。

說到不能原諒，什麼樣的情況下不能原諒他呢？列舉四點如下：

一、**背叛師門，不能原諒他**：在武俠小說裡，對於一些仇敵、冤家，有時候並不一定要追殺他、打擊他，但是如果徒眾門人背叛了師門，都會執行門規、家法，加以追殺。因為背叛師門，就如在國家叫叛國，在團體叫叛離，在家庭叫叛家。背叛是人的道德問題，是人格的損傷，不是行為的疏失，所以一般師門對叛徒都不能原諒他。

二、**不忠不義，不能原諒他**：一個人的行為不正或不善，有時還可以原諒他，等他改過；但是一些不忠不義的人，讓親人、長輩、團體受到了傷害，這就不能原諒了。過去蔣中正先生的毛家親戚，在海外採購，涉嫌貪贓枉法，出賣人格，對國家不忠不義，相信當時蔣

先生內心一定非常痛苦，因此才趁他回國時加以嚴辦，這就是不能原諒他。

三、**惡意陷害，不能原諒他**：在刑法上，同樣是殺人犯，但是過失殺人與蓄意殺人，刑責不同。因為無心的過失尚可原諒，蓄意謀害，或是造謠生事，惡意陷害他人，乃至貪圖名利，罔顧道義，出賣親友等，這些人都應列為不可原諒的對象。

四、**反覆無常，不能原諒他**：歷史上，很多性格反覆無常的小人，賣友求榮，賣國求利，例如三國的魏延、明朝的吳三桂、民國的汪精衛，以及謀反不成的陳儀等，這些不但不能原諒他，而且都應該受到嚴厲的懲罰。

「原諒他」要在可以原諒的條件下行之，例如無心之過，或是遭人牽連，或是一時失察。有時語言的冒犯，行為的失檢，只要他肯認錯改過，在可以「將功抵過」的情形下，都應該給予原諒。尤其一個好的時代，要有純樸的社會風氣及清明廉能的政治，因此應該儘量減少刑罰，舉國上下，不分黨派、朝野，大家都能忍讓為國，相互尊重包容。能有「原諒他」的胸懷，重視大人風度的政府，我們應該擁護，只是法令、道德的準則，也不能不重，所以原諒他、不能原諒他，還是要有所斟酌與善用。

容納

各位讀者，大家吉祥！

容器如茶壺、茶杯，因為有空間，所以可以容納茶水。房屋可以容納一家人，手提包可以容納日用品，倉庫可以容納貨物，都是因為有空間。一個人的成就有多大，自然也要看他的心量能包容多少。

所謂「有容乃大」，人要學習自然，涵容一切，茲舉數例如下：

一、海納百川：海有多大？海的深度、廣度不容易測量，但是我們可以知道的是，儘管江河溪水流入海裡，也不見其增；任憑海水滔滔東流，也不見其減。大海裡，大魚小蝦千奇百樣，大海不嫌其多；軍艦、商船航行其中，大海不嫌其鬧；萬萬千千的人在海邊戲水，在沙灘遊玩，大海也張開雙臂歡迎。靠海為生的人在海底採礦、淘金，大海並沒有不容。甚至有的人漂洋渡海到各處求生，海洋更助其一臂之力，令他如願前往目的地。現在的海難雖然不少，但那是人類的智慧還無法洞察大海的性能，卻無損於「海納百川」的精神，這是值得我們欽佩、學習的。

二、山納叢林：地球上，讓人感到崇高偉大的就是峻嶺崇山。你看！高山上野獸奔跑，飛禽歌唱，百花盛開，萬物欣欣向榮。甚至世間上最高的樹木都是出自於叢林，最大的礦石也取自於山林。人類夢想征服海洋和高山，其實大可不必，因為海洋、高山都已包容了人類。大海任你遨遊，高山任你行走，所以大家更應該知道相容互助、同體共生的重要。高山能為我們阻擋颱風，海洋能為我們調節氣候，一個人如果自覺是高山大海的兒女，心量就能隨其增廣增大，所以，

「仁者樂山，智者樂水」有何不好呢？

三、空納萬象：世界上，比海還深、還大，比山還高、還廣的，非虛空莫屬。虛空到底有多大？科學家到現在也還不知道虛空伊于胡底，只有佛教說虛空無量無邊。在無限的虛空裡，萬物因為虛空的包容而存在、而成長、而活著。虛空包容萬象，

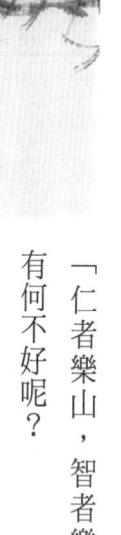

因為有「空」，大地任我們遊走，空氣給我們呼吸，萬物供我們取用，假如沒有「空」，人類就不知道安住於何處了。所以，我們應該要歌頌空的偉大、空的包容。「空」中才能生妙有！

四、人納善言：世間上，雖說海深、山高、空也大，其實人更是妙。人的心，是高山、海洋所不能比，唯有「空」，所謂「心如虛空」、「心空及第歸」，因為人心如虛空，所以應該廣納善言、善事。一個人的心有多大，他的事業就有多大。一個人的心只愛一家人，他可以做家長；愛一鄉的人，可以做鄉長；心中有國人，就可以做國主。我們的心有多大呢？君子、小人我們都能包容嗎？善人、惡人我們都能不捨棄而救度嗎？對於少數一些人，聞一句善言都不願入耳，可見其心量之小。其實，人能盡聽天下之善言、包容天下之善事，就能包容天地，這是何其偉大，何不敞開心胸包容乎！

真實

各位讀者，大家吉祥！

越是社會閱歷豐富，越是老練世故的人，越會感覺：這個世間缺少了一個東西，那就是「真實」。

我們買東西，都希望「貨真價實」，因為真實才是每個人所需要的；我們聽朋友講話，也寧願相信他句句真實，自己不會受騙，那才是好朋友。

我的學問只有半斤，但我很真實，我的道德只有四兩，我也很真實。我講話的方式，照我所知、所想的程度說出，因為都是真實的，就覺得非常可貴。人和人相處，如果缺少了真實，友誼不能維持，事業不能開展，前途也就沒有了未來。

周幽王為了博得褒姒一笑，點燃烽火台戲弄諸侯，結果亡國以終。放羊的孩子高喊「狼來了」，一旦謊言被拆穿，不真實就沒有第二次了。

我們要如何表現「真實」的一面呢？

一、**讚不諂媚**：我們對待他人，常常客氣的加以讚歎。讚歎是非常必要的，但讚歎也要真實，如果諂媚不實在，讚歎反而惹人嫌怪。佛經裡說，有一群兒童在嬉戲時，為了互比誰的父親偉大而起爭執，其中一個兒童說：我的爸爸最了不起，他和我媽媽從來沒有在一起過。另一個兒童反問：你的爸爸、媽媽沒有在一起過，那麼你是從那裡來的？像這樣硬要說不實的話，可見人性之弱點。

二、**教求信實**：父母教育兒女、老師指導學生、朋友互相規勸，都要真實合理。父母不能經常拿些不實在的話來哄騙兒女，老師也不可以用沒有求證的知識來矇騙學生，朋友之間更不能盡談一些道聽塗說的八卦。人與人之間的關係，要建立在一個「信」字上面，所謂「信用」是人的第二生命，信用就是名譽，人到了不能用信用來維護彼此感情的時候，則一切都要宣告破產。

三、言必有據：現在統計學興起，凡事都要以數字來說話。一所學校的土地面積多少？老師多少？學生多少？圖書館藏書多少？歲入歲出多少？都要有數據，不能再像過去「大約」、「大概」、「差不多」、「應該是那樣」，這已經不能為時代所接受，當然也不能再應用了。同樣的，我們對人講話，孔子說，孔子在那本書說；孟子說，孟子在什麼地方說，都要有根據。張先生說、李先生說，都可以引用，但是如果他否認，他說自己沒有這樣說，彼此不就要爭論了嗎？

所以凡事要有根據才能說。

四、行要踏實：做人，言行讓人肯定，覺得某人說話很真實，這是最好的名譽；某人做事很實在，這也是最好的讚歎。現在的公職人員，只要當選，三年後選民也會對他們有所評價，例如說：某人腳踏實地做事、某人做事很認真實在；但也有的人被批為「浮而不實」，甚至只會開空頭支票，經不起考驗。如此一來，第二次連任與否，也就各自心裡有數了。

真實，多美好的智慧，多美好的意義，唯願世間大家都能真實。

迷思

各位讀者，大家吉祥！

人難免有「迷思」的時候。迷思就是想不通，想不懂，歷史上有很多問題，到今天都不能解答。就拿近代史來說，汪精衛是不是漢奸？吳佩孚是不是軍閥？毛澤東是不是偉大的救星？蔣介石是不是民族的英雄？歷來眾說紛紜，讓一些小老百姓看得眼花撩亂，增加了自己的迷思。

在地理上，地球怎麼是圓的？大自然怎麼會造成諸多災害？高山的雄偉，海洋的遼闊，甚至風雨雷電的形成，都是人類的迷思。家庭裡的成員，爸爸為什麼會那樣？媽媽為什麼會這樣？他家為什麼富貴榮華？我家為什麼窮途潦倒？想不通，看不明白，這不都是人生的迷思嗎？說到迷思，人生有些什麼迷思呢？

一、參政的迷思，難定得失：人是政治的動物，政治也是引誘人生的一種動力，很多人熱衷政治，不自覺的就會陷身在政治的紛爭裡。政治黨派的對立，走向黨同伐異的人生；多少的理念，多少的犧牲，拋頭顱，灑熱血，在所不惜，為的就是政治的愛好。政治是操弄權力的遊戲，有權力的人，人人羨慕；但現在的在野黨沒有權力，大家一樣樂此不疲，致力於在野的反對運動。尤其現代的民主政治，要靠選票，有的人不費吹灰之力，在政壇上步步高陞，有的人種種辛苦，一次又一次的參選，落選了再來，數十年的奮鬥，到最後一無所成。有人形容「愛欲如飛蛾投火」，一次一次，不到身亡誓不甘休。其實不但情愛，政治的欲望何嘗不也是如此？甚至那些「一將功成萬骨枯」的歷史，難道我們只看到成名的一將，看不到萬骨枯的悲哀嗎？

二、**感情的迷思，難定好壞**：在各種迷失當中，感情最是莫名所以。父母替我看中的婚姻對象，我不滿意；我鍾情的異性，想要結合，父母不准。該愛的不能愛，不該愛的偏偏找上門來。有的人對我們示好，我們反而討厭；有的人對我們厭惡，我們反而覺得他可愛。感情這種東西，就是這麼愚弄於人。愛國愛家偏不重視，一點私愛就為他尋死覓活。古今英雄，為愛所迷；宗教聖者，為情所動。情愛究竟有多少力量，為什麼給人那麼多的迷思呢？

三、**因果的迷思，難以深信**：「善有善報，惡有惡果」，因果報應絲毫不爽，但是一般人對因果仍有種種的迷思。我行善，反而貧窮；他作惡，反而富有，因果在那裡呢？其實，因果有因果的定律，經濟的因果、道德的因果、健康的因果、人事的因果，因果不能錯亂。可是一般人還是對因果感到迷惑，為什麼有人大難不死，為什麼有人小故身亡？懂得因果的人都知道，這必定是有往昔的因緣。但是有的人看不到、想不通，這都是迷思。

四、生死的迷思，難知未來：千古以來，有情眾生都離開不了生死問題，「生從何來，死往何去」，實在是一個最大的迷思，連孔老夫子都慨歎：未知生，焉知死？佛陀倡導「了生脫死」，認為生死本是一體的兩面，「生也未嘗生，死也未嘗死」。常有人問：「人怎麼會生？」因為死了當然要生。「人怎麼會死？」生了當然會死。人生在世，為你忙，為他忙，但不能不為自己的生死做些功夫，解決一下這個迷思，因為畢竟「生死事大」，這個迷思不能不明白。

偽裝

各位讀者，大家吉祥！

人是善於偽裝的動物，有的人想借用偽裝逃過劫難，有的人想借用偽裝獲得別人的重視。為了達到目的，偽裝成為人際之間一種欺騙的行為。

國際間的外交，也有許多偽裝，尤其戰爭時，「明修棧道，暗渡陳倉」、「聲東擊西」、「圍魏救趙」、「欲擒故縱」等，各種詐術，無所不用其極。其實，人生也有很多的偽裝，例如：

一、**表情可以偽裝**：我們從戲劇裡，看到各種角色，不管忠奸好壞，都靠表情表達，但那些表情都不是自己的本來面目。人生如戲，

棲息圖
小魚

因此人生的偽裝，時而表現歡樂人生，時而表現窮途末路。有時候對你好話恭維，其實是虛情假意；有的人滿臉微笑，其實內藏奸邪。人能識透對方的偽裝，確實需要經驗老到；有時即使識破，也不能揭穿，只能心裡有數罷了。

二、**貧富可以偽裝**：有錢的人，把好衣服穿在裡面，外套一件粗布衣衫，他在裝窮；有的窮人衣食艱難，但他借也要借一件長衫外套，才肯跟你見面。窮人裝富，富人裝窮，總有他們的苦衷，或有他們的目的。其實，窮就窮，富就富，只要自己正派、正當，人窮志不窮，人窮只要不偷不搶，又何足懼哉。

三、**忠奸可以偽裝**：人生，是忠臣，是奸佞，都可以偽裝，所以善惡好壞，有時候都是可以表演的。有的人，故意裝好人，所謂「黃鼠狼拜年」，不安好心；有的好人故意裝成壞人，給你教訓，給你壓力，其實他是在教育你。像曹操是忠是奸，歷史上各有說法；像王莽，所謂「謙恭未篡時，向使當初身便死，一生真偽復誰知？」像秦檜、魏忠賢這許多大奸臣，他們在皇帝面前莫不裝出忠誠不二、忠心耿耿的樣子，如此才能達到他奸邪的目的。

四、**老病可以偽裝**：有的人年老了，不肯退休，還想繼續工作；有的人年紀不老，卻一付老態龍鍾的樣子，不但喜歡倚老賣老，甚至裝病，博取別人的同情。老病是可以偽裝的，像司馬懿不就裝病騙過曹丕的疑心，終能謀取帝位。有些政治人物，遇到難以應付的難題時，就裝病住院，借病保全自己。有的小孩子裝

病，希望父母疼惜；有些女人也裝病，希望丈夫給予安慰。善意的偽裝，無可厚非；惡意的偽裝，如瞞天過海，想要對人不利，就可疵議了。

五、**戰爭可以偽裝**：戰爭時，為了瞞過敵人耳目，連旗幟的顏色都可以偽裝；戰略是攻是守，也是讓人捉摸不定。尤其情報員不惜一切，用偽裝的方法獲取情報；主帥運用的策略，虛虛實實，實實虛虛，也是極盡偽裝之能事。「三十六計」中，每一計的設計者，都不愧是戰術高手。春秋戰國時，各國的說客，或以「連橫」，或以「合縱」，總之「兵不厭詐」，這一切無非都是為了取得勝利，所以戰爭需要偽裝。

六、**道德可以偽裝**：有的人「外寬內忌」，明明心懷奸邪，但他表面上裝成是善良的有德之士；有的人表面上樂善好施，暗地裡從事

販毒走私的勾當，危害國家民族。有人說，學問不能偽裝，學問四兩是四兩，半斤是半斤；道德四兩可以充半斤。因此，心術不正，心懷鬼胎，外表卻偽裝成正人君子，這才是真正可怕的人。

世間的人情，有真實的也有虛假的，有人格的人，即使吃虧，也要以真情實意待人；沒有道德的人，千方百計總要從別人身上騙得自己所要的利益。雖然世間本來就是真情假意「一半一半」，但社會的風氣總得有正人君子之「德風」來加以改善，讓世間盡量減少虛假的偽裝，讓人性的真情流露，讓社會充滿祥和之氣，那不是無比美好嗎？

做好事

各位讀者，大家吉祥！

國際佛光會為了淨化社會，曾經舉辦一連串的「心靈淨化」活動，包括「慈悲愛心人」、「七誡運動」、「三好運動」等。其中三好運動就是希望人人都能「做好事、說好話、存好心」，也就是「身口意」三業的淨化。

針對「三好運動」，首先就「做好事」來講，怎樣做好事？要做什麼樣的好事？茲舉數列如下：

一、為人服務，排難解紛。

二、對人尊重，處處禮讓。

三、不闖紅燈，遵守規矩。
四、慈悲喜捨，讓人受用。
五、與人為善，為人設想。
六、守時守分，寧早不遲。
七、拾金不昧，俯仰無愧。
八、不鬧情緒，為人正常。
九、不疑不嫉，無憂無慮。
十、不吃煙酒，不開快車。
十一、遠離色情，為人正派。
十二、不偷不搶，反而施捨。
十三、關懷殘疾，樂助善事。
十四、為人寬恕，廣行仁義。

十五、面帶微笑，彬彬有禮。
十六、走在路上，跟人招呼。
十七、常買好書，贈人閱讀。
十八、小小布施，不斷實踐。
十九、口說善言，待人謙和。
二十、別人說話，耐心聽講。
廿一、導護兒童，安全上學。
廿二、隨手關燈，不要浪費。
廿三、滴水如金，愛護能源。
廿四、公共集會，不可走動。

以上所舉廿四條，都是生活中可以奉行的。

從這許多小處的善事實踐起，一旦做慣了以後，

當然就能有大慈悲、大願力，而後在任何時間、任何場所，都能依自己的身份、能力「諸惡莫作，眾善奉行」。因此，「莫以善小而不為」，這是「做好事」應有的基本觀念與動力。

「貪」中有多少

各位讀者，大家吉祥！

人都有「貪心」，貪多、貪大、貪好，甚至「多，還要更多」，「大，還要更大」，「好，還要更好」。所謂「貪心不足」，貪心的人永遠不會滿足，所以貪到後來「貪中有多少？」值得深思。試舉數例如下：

一、**貪一部腳踏車**：有的人希望有一部腳踏車代步，等到有了腳踏車，又想要一輛摩托車；有了摩托車，覺得擁有汽車才好。一旦有了汽車，又嫌國產的不夠氣派，最好是名牌的進口轎車才拉風。真的擁有進口汽車的時候，開在路上怕被人撞到，晚上停放那裡都不安心，怕被竊賊所偷，於是整個人都被汽車束縛了，真是何樂之有。

二、**貪一個官位**：有的人想要做官，從地方的村里長做到鄉鎮市長，還是覺得官位不夠大，一心希望當個立法委員，甚至能當上部長就更有權勢，就更加威風了。那一天真的當上部長，忽然一個貪污案件爆發，結果鋃鐺下獄，不但權勢沒有了，連尊嚴也葬送了。

三、**貪一棟房子**：有的人羨慕別人住洋房，一心希望自己能有一棟獨門獨戶的房子。等到真的有了自己的房子，一棟不夠，還想擁有第二棟，甚至平房不好，最好能住高樓大廈。一旦真的如願住進大樓裡，忽然地震了，整棟大樓天搖地動，嚇得倉皇失措，手腳發軟，這時才發現，住大樓也不一定好。

四、**貪一個美女**：有的人以擁有嬌妻美眷為幸福，一心希望娶個美嬌娘。等到如願了，又覺得「家花」那有「野花」香，別人的太太看起來永遠都比自己的老婆漂亮，所謂「文章是自己的好，老婆是別人的好」，於是就在不滿足當中，遺憾的過了一生。

五、貪一件衣服：有的女人喜歡逛街買衣服，新潮的、復古的，樸素的、花俏的、連身洋裝、中式套裝等，各種式樣、各種質料、各種花色的衣服掛滿衣櫃。但是每次要出門的時候，選那一件都覺得不合適，於是面對滿滿一整櫃的衣服，卻永遠都是少一件。

一般人對五欲塵勞的世間，永遠沒有滿足的時候。有一首描寫「不知足」的歌，形容一個人「心無厭足」，非常貼切。歌云：

「終日忙忙只為飢，才得飽來又思衣；
衣食兩般皆具足，房中又少美貌妻。
娶得嬌妻並美妾，出入無轎少馬騎；
騾馬成群轎已備，田地不廣用支虛。

買得良田千萬頃，又無官職被人欺；
七品五品皆嫌小，四品三品仍嫌低。
一品當朝爲宰相，又想君王做一時；
心滿意足爲天子，更望萬世無死期。
種種妄想無止息，一棺長蓋抱恨歸。」

不知足的人，就這樣苦苦惱惱地度過了寶貴的人生，寧不可惜。

現代神通

各位讀者，大家吉祥！

佛教講神通，其實人能知道過去未來，就是「宿命通」，能了解別人心裡的想法，就是「他心通」，能聽到所有的聲音，就是「天耳通」，能看得長遠，就是「天眼通」，所以神通不一定是學佛才有，用心的話，世間那裡沒有神通？

口渴了，喝茶就能解渴，這不是很神奇嗎？肚子餓了，吃飯肚子就會飽，這不是很奇妙嗎？擅泳者能浮在水面而不會下沉，不稀奇嗎？會騎單車的人，不必用手也不會倒；不會騎車的人，即使用雙手去扶還是會倒，這不也很神奇嗎？可見神通是一種熟能生巧的功夫，是可以透過學習而練就的。

特技表演者，如空中飛人可以在鋼絲上飛行自在，真是「神乎其技」；冰上的舞者，穿上一雙溜冰鞋就可以自由迴旋，可謂「出神入化」，所以「神而奇之」、「廣而通之」，就是神通。

佛教的六種神通，其實不一定要到經典裡去求，也不是修練而得，佛教講「平常心」，神通是很自然的事，在日常的生活裡，到處都是神通，茲舉其例：

一、**天眼通**：現代人為什麼要戴眼鏡，因為可以看得清楚；戴眼鏡不就像是有了神通嗎？現代發明的望遠鏡可以看得很遠，望遠鏡不就幫我們具備神通了嗎？甚至用照相機、錄影機，不但可以看，還可以把影像留下來，這不都是天眼通嗎？

二、**天耳通**：現代科技發達，透過電話可以千里傳音訊，現代人只要在家裡打開電視、電台，透過衛星轉播，再遠的事情都可以聽到、看到。甚至已經過去的聲音、畫面，如鄧麗君的「何日君再來」、梅蘭芳的「遊園驚夢」，都不會因為伊人已逝而消失。甚至釋迦牟尼佛的音聲，透過經典記載，現代人因此能知道經義，這不都是天耳通嗎？

三、他心通：人都有一種同理心，能夠「將心比心」，所以我們都有相似的「他心通」。看到你面露憂愁的表情，知道你心裡一定有煩惱；眼看著你一臉疲倦的樣子，知道你昨晚一定沒有睡好。父母關心兒女，也能揣摩很多事情，例如你要讀書、休息、喝茶，他好像都知道，這不就是他心通嗎？

四、神足通：現代人騎機車、腳踏車，乃至坐火車、汽車，都能幫助我們快速到達目的地；甚至穿溜冰鞋、自排輪，都能增加行進的速度。尤其現代人出國，坐飛機朝發夕至，這不就是神足通嗎？

五、宿命通：生活中，知道明天要做什麼，事先做好計畫，甚至明年、後年，我都知道有一些什麼與我有關的事要發生。乃至明白因果，知道緣起法，了解一切事都是行為的結果，例如有貪瞋癡的毛病，就會有殺盜淫妄等不好的行為發生，所以「欲知前世因，今生受者是；欲知未來果，今生做者是。」這就是宿命通。

六、漏盡通：生活中，少煩少惱，放得下、看得破，能夠心無罣礙、意不顛倒，一切「不管他」、「隨他去」，這就是漏盡通。

因此，人不必到處追求神通，現代人都有六種神通，神通很平常，在日常生活裡處處都可以體驗，就看自己有沒有用心，有沒有智慧罷了。

尊嚴

各位讀者，大家吉祥！

人在社會上立身處世，不一定要很有地位，但要活得有尊嚴。尊嚴不是皇家貴族，或是有地位的富者才有尊嚴，一些計程車司機、擺地攤的小販，或是清道夫、臨時工，他們也都有人格上的尊嚴。人縱使在財富、地位上可以分高低，但彼此所重視的尊嚴，都是同等的價值，同等的重要。茲就「尊嚴」略述如下：

一、**讀書人的尊嚴**：許多職業的從事者，都要尊嚴，此中尤以讀書人最重視尊嚴。介之推寧可歸隱，甚至被燒死在綿山，也不祈求晉文公給他一官半職，這就是讀書人的尊嚴；雪竇禪師寧願在寺中陸沉三年，操持苦役，也不肯拿出大學士曾鞏的推薦書，這就是書僧的尊嚴。

二、貧窮者的尊嚴：中國的士大夫，有的人窮得三餐無以為繼，他也不為貧窮失節。韓信能受「胯下之辱」，但不能受漢高祖的冷

淡，他就能保持貧窮人的尊嚴。越石父因故被關在衙門裡，晏子知道後將他保釋出來，迎回家中，讓他在客廳等待許久，越石父因此與晏子絕交。晏子說：我把你從牢中救出來，你怎麼可以如此待我？越石父說：我寧可被不認識的人囚禁，也不願忍受被朋友冷淡對待的屈辱。這也說明，一個人即使落難，也不能失去尊嚴。

三、**失業者的尊嚴**：人的際遇，都是無常變化，時運不濟，煮熟的鴨子都會飛走；時運一轉，乞丐也能一夕致富。劉玄德街頭賣履，姜太公垂釣於渭水，韓信乞食於淮安，但是他們寧可落魄，也要保持失業者的尊嚴。相對的，有的人因為失業就從事不正當的行業，如販毒走私等，如此不但喪失人的良知，也失去人的尊嚴。

四、**待援人的尊嚴**：一個人窮途潦倒時，總希望有人救援。尤其戰爭時，難民營中成千上萬的難民，等待救援；饑荒的年代，千萬的流民，逃亡他鄉，他們就像野生動物找尋水草一樣，渴望覓得生機。但是儘管饑荒、逃難，有的人也不隨便偷搶，他寧可等待救援，也不願失去人格的尊嚴。例如《進德錄》有一段記載：有一個人和鄉人逃難到外地，不巧當地又碰到兵荒馬亂，只剩下一座空蕩蕩的城堡。數日來粒米未進，正在飢餓難當的時候，忽然看到一片果園，大家爭先恐後摘取果實來充飢，只有此人紋風不動的坐在樹下。有人問他：你怎麼不摘果子吃呢？難道你不餓嗎？他說：這果園是有主人的，我雖然飢腸轆轆，怎麼可以偷吃有主之物呢？此人說：現在都什麼時候了，還管他什麼主人不主人的，再說這園子的主人也許已經逃難到他鄉去了，那有什麼主人？這個人還是堅持說：這園子的主人雖然逃難去了，但是我心中的主人難道也不在了嗎？他寧可餓死，也不吃不當之物，因為他把尊嚴看得比生命還重要。

五、受刑人的尊嚴：一些牢獄裡的受刑人，你判他死刑，可以一刀一槍讓他畢命，但不能侮辱他、凌虐他，讓他的人格受到創傷。宋朝文天祥兵敗被俘，他寧死不降，元朝為成就他的忠心，終於成就他以死保持尊嚴的心願。歷史上多少孤臣孽子，還有一些貞潔婦女，寧死也不願失節受辱，這種骨氣令人肅然起敬。

六、死亡時的尊嚴：人的生死有分，但是有的人面臨死亡時，貪生怕死，失去尊嚴。也有的子孫，對於久臥病榻的長輩，為了延長他的生命，施以各種搶救。雖然是出自於一片孝心，但是往往讓死者失去尊嚴，而且痛苦不堪。現在社會上一些研究「生死學」的學者，以及醫生們，都主張尊嚴的死亡，而不重視屈辱的求生，確實值得深思。

排班

各位讀者，大家吉祥！

「排班」，這是團體生活應該遵守的規矩，也是從小應該養成的習慣。在西方，買票要排隊，上自助餐店吃飯要排隊，凡進入公共場所都必須排隊。排隊依序而進，絲毫不亂。在中國，學生每天要排隊，軍隊每天操練，齊步走、正步走，都要排隊。甚至出家人朝暮課誦、行禪繞佛，都需要排隊。

排隊，一般人只覺得排隊就是你等我、我等你，浪費許多時間，甚至你遷就我、我遷就你，實在很麻煩。然而事實上排隊好處很多，尤其在佛門裡重視「排班」，當中有很深的意義，值得重視、了解：

一、排班有先來後到，這是一種秩序；不重視先後，亂了秩序，團體就不容易整頓。

二、排班有一定的隊形，這就是倫理；唯有按照倫理，才有秩序，才有規矩。

三、排班非常公平、非常平等，沒有特權，大家隨著先來後到，依序排班，先到先排，後到後排；如果習慣了「時前時後」，就容易體會出「時進時退」的人生況味。

四、排班能培養忍耐的習慣。排班時就是要等待，就是要忍耐，不能性急，不能超前；一旦養成一種性格，凡事就不會操之過急。

五、排班可以養成跟隨的習慣。有時後到，排在後面，養成隨緣跟隨的性格；有時輪到自己領導，也能走在前面，所以不管是前是後，人生要能「前後自如」。

六、排班不能放任自己隨心所欲，要遵守規矩，要尊重團隊，所謂「不依規矩，不成方圓」，不管任何團體，有倫理、有規矩、有秩序，才能健全發展。

除了以上所述的好處以外，排班時要懂得前後距離，要知道左右寬度，對於大小、區隔，都能拿捏好分寸，久而久之，訓練步伐能快能慢，訓練自己左右旋轉靈活，好像通身是眼，這就是排班的好處。

有人不滿排班浪費時間，這是個人主義；有人認為排班是小學生的生活，其實這是文明社會的禮貌，任何成人都應該學習、接受。經常排班，其實也等於是在修行，每天忍耐、修行，自己的道德人格就在無形中養成。

插班

各位讀者，大家吉祥！

美國是一個守法制的國家，初到美國的人都會發現，美國人很重視排隊，不管任何地方，大家都會按照先來後到，主動排隊，即使人再多，總是井然有序，不會有人做出插隊之舉。

反觀中國社會，既沒有排隊的習慣與觀念，也不重視排隊的秩序與尊嚴，走到那裡，大家總想爭取時間，總會插隊趨前，這就是中國人重特權、不守法的投機性格。

關於「插班」，略述如下：

一、官場裡的插班：我們經常聽說，官場裡很少遵守正常規矩

「循序晉升」，愈高的階位，愈容易有「空降部隊」。因為沒有依序升遷，大家心有不平，怨聲四起，造成士氣渙散。另一方面，一些有投機性格的人，總是想盡方法，吹牛拍馬，大搞關係，以圖插班成功。凡此種種，容易失去人心，不可不慎。

二、**學校裡的插班**：學校教育，有小學、中學、大學，一般學子，都是循序漸進，漸次學習。不過，有一些資優生，因為資質好，成績優秀，可以跳級升學，因此自然而然可以插班升學。另外也有一些家長，希望自己的兒女進入名校就讀，所以千方百計利用轉學的方法，讓兒女插班名校。果真如願，有時因為適應不良，反而適得其反，不能正常學習，真是愛之適足以害之。

三、**情場裡的插班**：有的青年男女，從小青梅竹馬，長大後雙方郎有情、妹有意。不料交往到了相當程度後，忽然半路殺出程咬金，兩人的世界有了第三者插班，致使情海生波，情況大亂。也有的情侶，在情場裡長跑，因為父母反對，或是朋友離間，由於第三者攪局，結果可想而知。在愛情的世界裡，有了第三者插班，必然有一番波折，如果處理不當，更難有美好的結果。

四、隊伍裡的插班：搭車購票要排隊，看電影買票也要排隊。有時逢到年節假日，買票的人多，有的人不耐久等，看到前面稍有空隙，總會藉機插班。儘管旁人對他拋以白眼，他也不管，只要能僥倖超前，他就覺得非常快意。另外，上公共廁所也需要排隊，同樣有人不顧他人權益，總要想方法插班。如果自己內急，不容久等，應該跟人打聲招呼，獲得別人的諒解，也還情有可原；但是有的人就是不顧別人，只是自私的為己，這就讓人難以苟同了。

五、言談裡的插班：我們常見在會議場合裡，有些重要人物經常遲到，可是會議已經開始，中途讓他插班發言。他自恃自己位高權重，一站上台，口沫橫飛，大發高論。殊不知自己遲到，插班的行為已經失當，又再冗長發言，難怪別人要嗤之以鼻。另外，也有一些三人、五人的小組，十人、八人的小隊，大家會商討論，其中甲乙兩人正在對話，忽然第三者提高音調，打斷別人的會談，貿然的插班講話。有時甚至還有第四者、第五者，也在各自發言，一時之間，只聽得大家各講各話，到底誰是聽眾？大家完全不管，只逞自己發言之快，完全不懂遵守規則。

以上所舉，可見一個優等的社會，必須養成良好的習慣，人人都守秩序，不隨便插班，這是一種社交禮儀，也是一種優良文化，更是道德的表現。

測量

各位讀者，大家吉祥！

我們要知道東西的長度，可以用尺來量，要知道物品的重量，可以用秤來稱，所謂「度量衡」，能讓我們知道東西的長短、輕重，以定其價值。

人的生活裡，對於人情世故、利害得失，其實也是有辦法加以測量的，例如：

一、**以察顏觀色測量人情**：人要出門，先看天氣陰晴；人和人見面，先要察顏觀色，以了解人家對我們的看法。其實，人際之間，也不能被客套的外表所惑，應該看到對方內在的心情，從他對待我們的態度，就要知所進退，以免惹人討厭。

二、**以利害得失測量人我**：與人談話，難免涉及一些人我是非的問題；要想知道人我是非，必須先要測量利害得失。因為每個人幾乎都注重與自己有利、有得的方面，凡是損及其利益的，都會引起戒心，不容易與我們靠近，所以從利害得失去測量關係深淺，之後才作決定，不為不好。

三、**以金錢多少測量生活**：人不可以打腫臉充胖子，自己的收入多少，能過什麼樣的生活，都有比量。有的人收入微薄，出入坐賓士汽車；低層的公教人員，花枝招展的在宴會中穿梭、活躍，都不合宜。有的人寧可以吃得簡單，對外非常海派；有的人寧可借貸，出手十分大方闊綽。其實這些都沒有必要，人要衡量經濟收入，要能收支平衡的生活才好。

四、以公平正直測量是非：今日社會，到處都有人我是非。政治上有政治上的是非，職業裡有職業的是非，朋友中有朋友的是非。在各種是是非非裡，我們如何立身處世呢？公平正直為本，含蓄低調為原則，免得在是非中又再惹出多少是非來。今日社會，此亦是是非，彼亦是是非；如果身陷到是非裡，不能安分守己、公平正直，實在是難為人也。

五、以智慧經驗測量社會：社會是一個五彩繽紛的大團體，在這個大團體裡，彼此有職業、個性、籍貫等不同，乃至學歷的高低、貧富的差異、觀念的分歧等。如果你只以一種方法，對待社會各層次的人，恐怕不容易獲得對方的認同；必須像觀世音菩薩「應以將軍身得度者，即現將軍身而為說法；應以宰官身得度者，即現宰官身而為說法……」我們所擁有的智慧，所獲得的經驗，在處身的社會裡，都能把他派上用場，就不會吃虧了。

六、**以大眾需要測量發展**：每一個人不管處身在任何時代，或任何社會裡，總希望自己有所發展，有所成就。但是要發展、成就，也不是只憑滿腔熱誠，或是一些空話，就能達到目標，而必須衡量自己具有的條件，更要測量大眾的需要。尤其發展不是一步就能登天，必須有待因緣；因緣具足，才能逐步發展。

有關「測量」，有一首詩可以作為參考：「手持刀尺走十方，針來線去日日忙；量盡他人長與短，自家長短幾時量。」值得深思。

無知

各位讀者，大家吉祥！

人非「生而知之」，乃「學而知之」。我們對於知識，要「知之為知之，不知為不知」；有的人「不知強以為知」，甚至有了知識也會生病，那就成「癡」了。一個人無知沒有表現倒也罷了，假如無知而強以為知，那就更是愚癡了。

社會上，有一些人能言善道，常識豐富，但他很自私，很偏執，甚至已經為人師表、做人領導，但真正考究起來，他的做人處事，仍然陷身在「無知」之中，例如：

一、**眼光短視**：有的人沒有遠見，他的眼中只看得到現前的利益，看不到未來的發展；只看得見自己的得失，不顧念別人的利害。這種人只有現在，不計未來；只有自私，沒有別人，怎麼不是無知呢？眼光短視的人，就等於「夏蟲不足以語冰，井蛙不足以論天」，又如一個盲者，你和他談月亮，談太陽，他一點也體會不到光亮的美妙。所以，一個人要能看到現在，也知道未來；看到自己，也知道別人，才能從無知中超脫出來。

二、**行為幼稚**：行為幼稚的人，不容易為人所接受。行為幼稚包括，身體不當的行事，語言不當的說話，心意不當的思惟；身口意都不正常，言行舉止都受人疵議，自己卻不自知，那就是無知。一般愚夫愚婦行為幼稚倒也罷了，有些在社會上居高位的人，如過去山東省主席韓復榘先生，

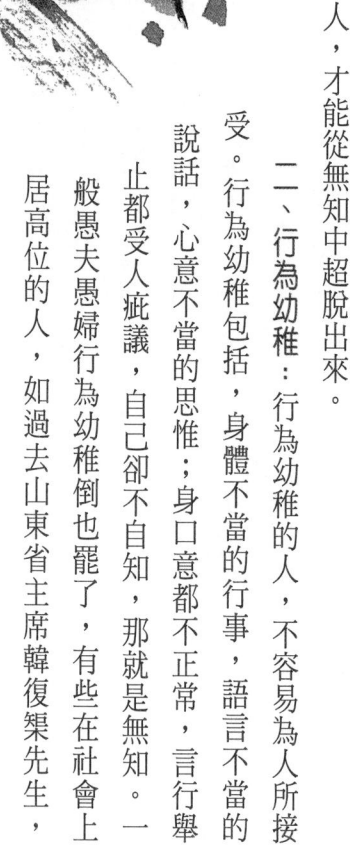

有一天看到自己軍隊裡的士兵在打籃球，因為他不懂籃球，因此對著副官大罵：「讓一堆大男人搶一顆球，像什麼話，馬上給我每人發一顆球。」如此見聞寡陋，行為幼稚，怎麼不是無知呢？

三、**昧於現實**：有的人，遇事只知其一、不知其二，凡事沒有思前顧後，不明前因後果，一味的固執己見，昧於事實，這就是無知。也有的人，只知道自己的處境，不知道大環境的變化；只知道個己的利害，無視於國際的關係；只想保護自己的位置，不顧念國家大眾的前途，這都是昧於現實的無知。

四、**不計後果**：有一些人的作為，好像賭桌上孤注一擲的賭客，凡事都像拼了命似的，不計後果。例如，發脾氣罵人，脾氣發過的後果如何，罵人之後的結果又怎麼，甚至貪污舞弊的下場如何，他全然不顧，只逞一時之快，這都是無知。

五、同歸於盡：有的人自己不好、能力不足，但他不肯承認，硬要說別人也是如何不好，如何不是。例如，見到某人學問好，他說：光是學問好，不會做人。別人努力做人，也有道德，他說：光會做人，沒有能力做事。別人種種表現，努力做事，他說：光是做些雜務，不擅外交……。總之，別人怎麼做都不好，但是在他批評別人時，你問他：你有道德、學問、能力嗎？他不知道自己，沒有自知之明，這就是無知。自己無知，當然好不起來，但是又見不得別人好，這就是「同歸於盡」的心理。同歸於盡不但自己無知，也影響大局，殊為可惜。

痛惜

各位讀者，大家吉祥！

人生在世，總有一些「痛惜」的遭遇，例如家中失火、錢財被偷、愛人早逝、好事難成等。這些遭遇也不必怨天尤人，只要化痛惜為力量，發憤圖強，改善自己的思想、行為、環境、因緣，沒有不可轉變的事。

我們試舉一些「痛惜」的例子如下：

一、**痛惜英才早逝**：我們的朋友，我們的同學，正值花樣年華，不幸早逝，真是痛失英才。假如有痛惜的心情，對於他尚未完成的志願、事業，我們可以幫他完成。

二、痛惜學業無成：本來可以念大學，因為家庭經濟不許可，失去了升學的機會。但是不必慨歎，社會就是大學，在工作中一樣可以學習，因此不必自暴自棄。

三、痛惜事業未就：一次創業不成，可以再來一次。孫中山先生的革命事業，不也是經過十次的失敗，才有第十一次的成功嗎？因此只要有心，只要勤勞，世上沒有不能成的事。

四、痛惜人情澆薄：別人的人情澆薄沒有關係，我對待人要情意深厚；寧願天下人負我，我不負天下人，如此又何必歎息人情澆薄呢？

五、痛惜知行難全：能知不能行，的確是遺憾。人有時候知道，但是做不到，有時候所做的，事與心違，總難美滿。不過人生事情能滿意的，難有一、二；不滿意的，倒有十之八九，所以凡事都要退一步想。

六、痛惜社會混亂：有心關懷社會，應該算是社會的愛心人。不過我們要化關懷為力量，社會既然混亂，我可以發心撥亂反正。凡事怨恨別人，不能改正；只要從自己做起，就有機會改善。

七、痛惜生靈塗炭：戰爭的時候，我們痛惜人民無辜死亡；平時的自然災害，也讓人感到生命的脆弱。面對人力難以左右的天災人禍，只有無奈。不過對於現在的社會，政治上的政策不當，也使許多人家破人亡，這就不可原諒了。

八、痛惜媒體沉淪：現在有人慨歎媒體沉淪、法院不公、司法死了；法律不公，報導不正，媒體沉淪，確實殊堪痛惜。

九、痛惜經濟不振：孟子說：「上下交征利，而國危矣！」經濟是人民賴以生存的命脈，眼見政府到處貪污舞弊，苛捐雜稅，貪官的吃相難看，可憐的小老百姓也只有忍耐的熬時度日了。

十、痛惜人心不古：現代人的危機，主要就是沒有廉恥心。過去提倡四維八德，所謂「禮義廉恥，國之四維；四維不張，國乃滅亡。」現在我們要想救國救民，只有提倡禮義廉恥，喚回人格道德，或許有望。

綜觀以上十點，光是痛惜沒有用，只有積極的發心，積極的參與、改正，所謂化悲憤為力量，化痛惜為實幹，捨我其誰，不亦快哉。

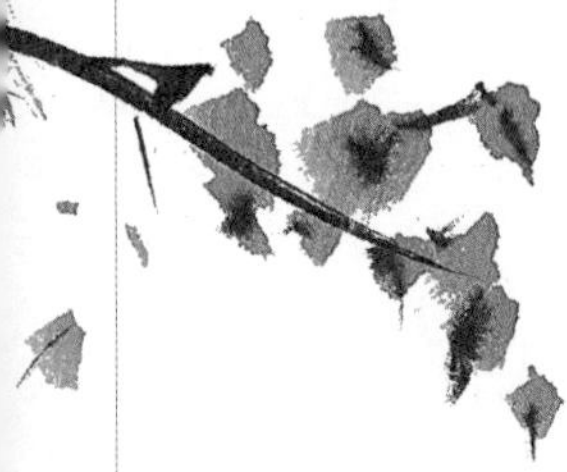

發心

各位讀者，大家吉祥！

佛教講：入道要門，發心為首；修行急務，立願居先。「發心立願」一直是一些初學佛的人掛在嘴邊的口頭語。

其實，「發心」何其尊貴，實在不宜隨便濫用。所謂「發」者，開發之意，例如山上的土地，經過開發以後，就能種植水果；海邊開發了海埔新生地，就可以建築。台灣出產的水果，大都是開發山坡地種植而有；日本、香港的機場，也多數是填海造地所成。

同樣的，我們的心如田、如地，只要開發，就叫「發心」。我們的「心田」、「心地」裡有什麼呢？如《地藏經》說：大地的寶藏，取之不盡；大地的功能，可以生長萬物；大地之用，可以普載眾生。所以開發心地，何等重要。

「心」豈只比「田」、比「地」，心的意義其大無邊。經云：心如大海無邊際，心如虛空量無邊，心如大地無盡藏，心如性空高如天。所謂「發心」，就是要開發：

一、**開發如海的真心**：大海不但是魚蝦的宮殿，大海也蘊藏了無限的寶藏，現代人要開採石油能源，不都是往大海裡探勘嗎？大海的資源，往往可以成為國家的財富，所以各個國家都要保護海域，就是保護國家的資源。我們的真心也像大海一樣，蘊藏著豐富的寶藏，所以要加以開發。

二、**開發如空的真心**：我們的心可以用「虛空」來比喻，所謂「心如虛空，量周沙界」，虛空裡有日月星辰，虛空裡有雷電雨露，虛空裡容納宇宙萬有，所以現代各個國家都想探索太空，希望能在太空裡找到寶藏。我們的心也如虛空，有著無窮的寶藏，我們要經過開發，才能找到寶藏。

三、**開發如地的真心**：大地是我們的母親，大地孕育了我們的生命，人類不但靠天吃飯、靠海過活，而且靠地維生。大地能成長萬物，地底更蘊藏著金銀銅鐵等各種寶礦。我們的心也如大地，埋藏了無限的寶藏，懂得開發心地，才能讓寶藏出土。

四、**開發如性的真心**：每個人都有一顆自性真心，當我們開發了如海的真心、如空的真心、如地的真心以後，如果能再開發自己的性天，把本性的天地加以開發，就能發掘自己的真如自性，就能見到自己的本來面目，就能找到自己的家鄉，就能尋回自己的所有了。

所以，「發心」二字，發「增上心」，是人天福報，發「出離心」，能解脫自在，發「菩提心」，則世出世間自如，五乘一體，何樂而不為呢？

發掘

各位讀者，大家吉祥！

人有無限的潛能，但是有待我們自己去「發掘」。就如海裡有無限的寶藏，我們要去發掘；山裡有無限的儲藏，也要我們去發掘。甚至社會上有許人奇才異士，都需要我們去發掘。

發掘不是好奇，不是挖寶，發掘也是一種投資，也是一種利人的行為。人生要發掘一些什麼呢？

一、**發掘寶藏要報官**：在大陸的西安，人民發掘地下有兵馬俑，要立刻報官處理，否則就是犯法。在美國，即使私有土地，發現地下藏有石油，也不能據為己有，那是國家之財，所以發掘石油要立刻報告政府。過去常聽說某地的地下藏有金銀財寶，是真是假，因為時代久遠，難以考據，如果有人想要發掘，必須先向政府申請，否則就會觸犯法律。

二、發掘能源要利用：現在舉世各國，無不擔心未來會發生「能源危機」，因此發掘能源最為寶貴。但是地球上的能源，畢竟有其限量，根據科學家說，五十年後地球的能源用罄，屆時馬達不能動，汽車不能開。所以，我們這一代的人，如果現在不懂得節約能源，過分浪費，過度開採能源，未來的子子孫孫又將恢復古代蠻荒未化的黑暗時代。因此，現在各國已有共識，就是盡量不要再往地下開採能源，而要轉向天空尋找能源。太陽能是用之不盡的能源，只要取之有法，就能解決能源不足的問題。

三、發掘資訊用過濾：現在是一個資訊時代，透過電話、傳真、電視、廣播，尤其網際網路的傳輸，資訊傳播速度之快、內容之多，令人目不暇給。但是資訊要快，也不能不過濾，目前一些造假的資訊甚囂塵上，尤其各大媒體一有資訊，立刻發表，大家只求聳人聽聞，完全不求真假，難免造成社會的紛擾不安。所以，凡是從事傳播工作的人士，對資訊的內容真假，不能不求證，否則誤導人民，責任不輕。

四、**發掘人才要培養**：在各種發掘當中，應以發掘人才最為重要。所謂「世有伯樂，而後有千里馬；千里馬常有，伯樂不常有。」可見發掘千里馬的伯樂，在每一個時代、每一種團體，都非常重要。但是發掘了人才，如果不肯栽培，甚至妒才害能，如此有了人才也沒有用。因此，發掘人才之後，要悉心培養，讓他能為國為民服務，繼而在國際間光大國家的名聲，這種培養就非常重要了。

五、**發掘真相要考證**：自古以來，有很多歷史奇案，現在陸續有人發表自己所發掘的真相。另外，現在國與國之間，一些政治家、外交官，乃至富商名流，都有個人的秘辛，一旦被人發掘，馬上爭相報導。但是真相究竟如何，都需要做一番考據，不能驟下斷言，否則將使真相永無大白之日。

六、**發掘智慧要發揮**：每個人都有無限的潛能，這種潛能就是吾人的佛性、智慧，一旦發掘以後，不但要用功、用力，而且要好好的發揮。我們每個人都有慈悲心，這是體能的功用；每個人都有智慧力，這是應世的功用。世界上的科學家、哲學家，都不是天生自然就有，而是經過發掘而來，所以人人能發掘自己慈悲、智慧的潛能，則成聖成賢又有何難呢？

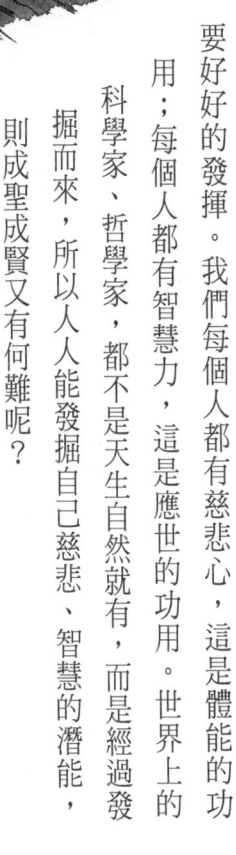

善行

各位讀者，大家吉祥！

佛教講「諸惡莫作，眾善奉行」，主要是叫人要「去惡行善」，所以我們在世間做人，總要有些「善行」。在百千萬種的善行中，試舉其要者：

一、**救苦救難是善行**：世間多苦難，人要發心救苦救難，這就是善行。人間的痛苦，有自然界帶來的水火風災，有社會加諸給我們的殺盜暴行，有來自自己身心的貪瞋邪見、生老病死等煩惱，所以「善行」不但要自我健全，而且要能普利他人。觀世音菩薩所以為人所稱道，就是因為他大慈大悲，救苦救難。我們對人能布施一點真心實意，給人一句好話、一點方便，都是在行善積德。

二、維護正義是善行：行善也不只是消極的助人，更要積極的維護正義。世間上有些少數民族，以及勢力薄弱的婦孺、殘障病苦的人士，乃至受人壓迫、欺凌的民眾，我們應該維護正義，見義勇為幫助他們獲得世間公平的對待，這就是行善。

三、原諒過失是善行：有人犯了極大的過失，如傷人害命，當然有法律會加以制裁；假如朋友間的相處，一些誤會、無心之過，乃至一些不當的語言，不是惡意的冒犯，縱有過失，也要有寬大的心胸，給予原諒。人的一生，誰不犯過？只要講清楚，說明白，能夠原諒別人的過錯，能有包容別人的雅量，就是一種美德，也是一種善行。

四、奉獻服務是善行：我們在每日生活中，可以為自己做一個記錄，就如童子軍的「每日一善」，看看我們在一天當中，有做過什麼好事？有對人說過什麼好話？有施予過別人什麼幫助？有對社會大眾做了什麼服務、貢獻？你在平常的生活日記上，每天都有善行的進帳，則增福進德，日有所長，將來必定受用無窮。

五、**排難解紛是善行**：一個有用的人，會替人排難解紛，所謂「大事化小事，小事化無事」，能做社會的甘草人物；假如是一個不能幹的人，只會製造人事紛擾，增加社會對立、衝突，成為「麻煩」的製造者。一個人一天到晚搬弄是非，陷害別人，說話尖酸刻薄，做事損人利己，何來善行之有？如果我們想要有善行的表現，就應該給人信心、給人歡喜、給人利益。應該像「夜明珠」一樣，投入濁水中，濁水會清淨；也可以像「冬陽」一般，讓別人在你的光熱照耀下，獲得溫暖。能夠春風化雨，為人排難解紛，就是無上的善行。

六、**實踐三好是善行**：多年前我提倡「三好運動」，就是要大家都能做好事、說好話、存好心。我們每個人的善惡業，都是透過身口意造作而來。身體所造的惡業，有殺、盜、邪淫；嘴巴所造的惡業，有兩舌、妄言、惡口、綺言；心意所造的惡業，有貪、瞋、邪見。如果能夠身做好事，不犯惡行；口說好話，不出惡語；心存善念，不懷惡意，這就是在實踐三好。一個人行三好，則自身端莊正直；一個社會人人行三好，則社會祥和，人間可愛。所以，有志於行善的人士們，大家不妨一起來奉行「三好運動」吧！

買不到

各位讀者，大家吉祥！

世間上，有的東西可以用金錢買到，但也有些東西是金錢買不到的。例如：有錢可以買書，但買不到智慧；有錢可以買床鋪，但買不到睡眠；有錢可以買食物，但買不到食欲；有錢可以買官位，但買不到道德；有錢可以買化妝品，但買不到氣質；有錢可以買酒肉朋友，但買不到知心之交；有錢可以買藥品，但買不到健康；有錢可以買身體，但買不到真心。

所以，金錢不是萬能的，世間上有很多東西並非有錢就可以買得到。除了以上所提以外，再舉數例說明如下：

一、**有錢買不到真實**：講到「買不到」，第一個就是「真實」。我雖然有錢，想要買到別人的真實情感，並不容易。所謂「真情無價」，真實的情感不是金錢所能買得，真情要用真情去感動，去換取；能夠用真心誠意感動別人，才能贏得別人的真情與真心。此外，金錢容易買到假話，不容易買到真話；金錢可以買到假相，不容易買到真相。歷史上有許多懸案，至今找不到真相，這就說明，權力、金錢都買不到真相，可見真實難求。尤其吾人真實的本來面目，更要透過修行參悟而能證得，不是金錢所可以買得到的。

二、**有錢買不到平靜**：世間有相的物質，有用的東西都能買得到，但內心的平靜買不到。有錢可以到山林水邊買一棟別墅，但是心中仍然不能平靜；有錢可以在市中心買一棟大樓，居高臨下，近觀遠眺，所有景色盡入眼簾，但也不能增加內心的平靜。平靜不是靠金錢買賣得來，而是要靠修養，蘇老泉先生的「泰山崩於前而色不變，麋鹿興于左而目不瞬」，這就是他有平靜的修養。有的人能夠不被金錢買動，不被愛情誘惑，不被威權恐嚇，那就是他擁有一顆平靜的心。人就是經不起世間的誘惑，受不了外境的干擾，致使心湖不能平靜。動盪的戰爭在心外而能預防，內心的妄念紛馳怎能讓心湖平靜呢？平靜就是不動心，那是需要多大的修行才能獲得，而不是金錢所能買得。

三、**有錢買不到永恆**：世間上的人都希望求得長生不老，希望獲得不死的祕方；但世間那裡能買到這種永恆呢？買來的東西都會損壞，買來的感情都會變化；買來的東西都不是永恆的，因為永恆是買不到的。欲讓世界沒有變化，讓人生沒有生死，讓青春不會老去，讓富樂永遠長存，世間上沒有這樣的「永恆」。股票市場裡，每天變化起伏，瞬息萬變，最能把真實的人生表現得淋漓盡致，但是有一點，不變的永恆是永遠買不到的。

四、**有錢買不到真理**：真理也是買不到的，例如「緣起」是真理，即使你花錢請老師講解，雖然懂得，但沒有真正的證得；「因果」也是真理，即使你懂得，卻是將信將疑，無法真實的體證。般若實相、真如佛性，都是真理，你不但買不到，一般人輕心慢心，也不容易體會得到。「無常」是真理，你能買到「真常」嗎？「無我」是真理，你能買到「真我」嗎？是真的，都不是買賣的；是真的，就要用真的去換取，用真的去實證，用真的去修得。用真的，才能真正獲得。

閒

各位讀者，大家吉祥！

人要「能忙能閒」，在忙碌的人生裡，偶而有個閒暇的假期，放鬆心情，過個閒適的生活，未嘗不是快事。不過，閒暇時間太多，浪費人生，減弱工作奮發的意志，只想偷閒懶散，則前途成就危矣。

閒的成敗得失，略表看法如下：

一、**閒話不要聽**：每個人的生活裡，必然會經常聽到他人批評自己的閒話，重要的是，聽了不要著意。因為別人的一句閒話，說你好，你歡喜，說你壞，你就生氣，那麼你的生活就會全然被人操縱，你的人生就只能被人牽著鼻子走。要你歡喜，說你幾句好話，要你煩

惱，說你幾句壞話，你的人生怎麼能活得出自己來呢？對於閒話，所謂是非閒話朝朝有，不去在意自然無。說好說壞，是別人的閒話，與己無關，何必在意。

二、**閒人不要交**：社會上，有的人成功，有的人一事無成，這是什麼原因？忙的人會成功，閒的人會一事無成！有的人自己不肯努力工作，專門在旁邊說一些洩氣的閒話，過著不負責任的人生，像這種閒人，最好敬而遠之。每個機關團體，都有一些勤於工作，每天忙得很快樂的人；但也有少部份人閒得無聊，不務實際，沒有求好的精神，這種閒人不交也罷！

三、**閒事不要管**：有一副名聯說：「風聲雨聲讀書聲，聲聲入耳；家事國事天下事，事事關心。」可見對於正經大事，應該要多管；對於無聊的閒事，則是少管為妙。什麼是閒事？無關社會大眾的事情、生活中閒雜瑣碎的小事，乃至意氣爭吵，如潑婦罵街，夫妻吵架等，這樣的閒事，少管為宜。有的人為了多管閒事，張家長、李家短，惹來許多無謂的紛爭；有的人夫妻吵嘴，好心勸和，結果招來怨怪。因此，有人說不要做吃力不討好的事、不要自找麻煩，這都是叫我們不要多管閒事的意思。

四、閒錢不要貪：人性總是喜歡貪小便宜，然而不是分內應得之財，還是「閒財不要貪」為妙。比方說，包工程，拿回扣；接受賄賂，為人關說。甚至有的人凡事都想分一杯羹，如此性格，必然滿身腥臭，叫人不敢和他靠近。貪小便宜的人，為了貪一些不當的錢財，為自己招來嚴重的後果。就如河裡的魚兒，為了一點餌，喪失生命。所以，清廉自愛，潔身自好，必定對自己的人生有益無害。

五、閒職不要兼：中國人大都有「好名」的習性，很多職務其實沒有事情可做，但總要請你掛個名。掛個名就表示沒有實務，只是一個閒職。現在一些人民團體裡，理事、監事等閒職，很多人競相爭取，乃至公司團體的名譽董事、榮譽理事，擺明都是閒職。閒職兼得愈多，表示自己人望愈高，因此沾沾自喜。實際上，很多人名片印了一大推頭銜，但是沒有事情可做，這種閒職多了無益，不兼也罷！

六、閒念不要生：佛教叫人不要妄想紛飛，就是閒念不要起的意思。不是自己的錢財，起了貪念；不是自己的名位，也想貪求。每日妄想紛飛，總是想著自己的利益，想要升官發財，想要中獎得利，想要功成名就，想要富甲天下。人的欲望無窮，但滿足欲望的物質有限，所以種種的閒念妄想，到最後只有苦了自己，此外一無所得。

因此，懂得閒話不要聽、閒人不要交、閒事不要管、閒錢不要貪、閒職不要兼、閒念不要生，才是一個有智慧的聰明人。

亂用

各位讀者，大家吉祥！

天生萬物，必為我用！萬物有用，但是要用得如法，用得恰當。鞋襪穿在腳上，你不能戴在頭上；衣褂穿在身上，你不能把他當作褲子穿。碗是用來吃飯的，你不能用盤子吃飯；茶杯可以喝茶，但茶杯不能當飯碗使用。所以，世間萬物，用之有方，不可亂用，亂用的後果，例如：

一、**亂用金錢**：我們擁有多少金錢，不可胡亂花用，如果沒有節制的亂用，不要多少時日，就會床頭金盡。

二、**亂用人情**：請託別人辦事，看個交情，賣個面子，用個一

次、二次，或許可以；但是常常這裡套交情，那裡攀人情，次數多了，就行不通了。社會是很現實的，人情值多少呢？

三、**亂用特權**：給你一個通行證，你有特權進出；但你不能用特權犯法。你走私販毒，這樣的特權就危險了。你在政治上有地位，當然到處都可以享特權；但是過分的濫用特權，到處官僚，到處敲竹槓，到處揩油，到處講特權，那你的特權就是危機了。

四、**亂用關係**：「某某人是我的朋友」、「某某人曾當過我的部下」、「某某人曾受過我多少恩惠」、「某某人是我過去結拜的兄弟」，甚至「我們同鄉」、「我們同學」、「我們同事」，這些關係都很好，但是如果有一人不承認和你的關係，你的人格、信用就會破產。

五、**亂用信譽**：團體有團體的信譽，個人有個人的信譽，所以過去商店都講「金字招牌」，都講「百年老店」，這就是信譽造就的。

是信譽，必定是美好的，不能亂用，亂用以後，信譽受到破壞，就沒有信譽了。

六、**亂用頭銜**：有的人喜歡用名片，名片上都印了許多頭銜。頭銜代表一個人的身分，給人名片是代表一種禮貌，本意很好。可惜有一些人濫用公家的頭銜，在那個公司已經沒有實權，不過董事長還沒有改選，於是到處對人說「我是某公司的董事長」，或說「我曾做過什麼官職」。亂用頭銜，必然會遭人疑忌，受人批評，讓人對你不屑。

七、**亂用藥物**：一般人「亂用」的習慣非常普遍，但是很多的「亂用」中，最危險的就是亂用藥物。有了一點小病痛，讓人知道後，身邊的同事、朋友，個個都像醫生一樣，這個要提供什麼祕方，那個要介紹什麼良藥。其實病有病理，藥有藥效，對症下藥，才能藥到病除；亂用藥物，有人過敏，有人病情轉為嚴重，有人必需到醫院掛急診。一般人到了這個時候總算知道亂用藥物的危險，但是百千年來的壞習慣，仍然不改，至為遺憾。

八、**亂用成語**：中文成語，言簡意賅，短短四個字往往能表達一個很深刻的意涵，所以講話、寫作，一般都會經常使用成語。但是，成語大都有歷史典故，背後的故事、意思如果沒有搞清楚，亂用成語的結果就會貽笑大方。最近教育部設立網路電子成語辭典，本意是為了提供大家查詢方便，立意很好。但是為了「三隻小豬」惹來很大的爭議，甚至之前的「罄竹難書」、「音容『苑』在」，都因為援用不當，引起軒然大波，可見中國的歷史文化淵遠流長，成語不能亂用。

除了上述所說以外，吾人在世間，能給人利用才有價值，但千萬不能被人胡亂用來為非作歹、為虎作倀，否則後果就不堪設想了。

卷四

說好話

說好話，慈悲愛語如冬陽，
鼓勵讚美，就像百花處處香。
說好話，把瞋恨嫉妒的惡口，
轉換成柔軟讚歎的佛言。

感同身受

各位讀者，大家吉祥！

世間上有千千萬萬的人，但是要找到一個真正能「同命相依」的人，並不容易。政治上，一些黨派的同志，意見不合的時候，只有分道揚鑣；企業界，一些經商合伙的股東、集團，為了分利而決裂，比比皆是。就是夫妻吧，也經常鬧到法庭相見。朋友之間，我對你好，你對我好，可是意見不合而翻臉的時候，彼此的帳也很難算得清楚。

一般來說，遭遇相同、思想相通、立場一致的人，容易同病相憐、惺惺相惜、感同身受；但是一旦為了利益，為了是非，為了榮辱，為了得失，往往各自為己，即使「感同身受」，也很難替人設想，更別說犧牲自己、成就別人了。試就「感同身受」略論之。

一、遭遇相同的人：在一架飛機上遇到空難，在同一艘船上遇到海難；遭遇相同，應該彼此很能「感同身受」才對。但是臨難之前，多數人的反應都是爭先恐後，不肯禮讓一步。一群饑荒逃難他鄉的人，遇到一碗飯，誰也不肯放棄自己的一份，拱手讓給別人先吃。

軍隊在戰場上，敵人的炮口當前，必須衝鋒陷陣，這時大家心裡也會計較，誰前誰後，誰的位置最好。如果能夠完全豁出去，不顧自己安危，只顧同志們的生死，這種情操遠比「感同身受」更加偉大。

遭遇相同的人雖然可以感同身受，但是還有存心不同，有時候存聖賢之心，有時只是一般凡夫之心，甚至不顧他人生死的小人之心。能夠感同身受，視人如己，甚至把別人的利益、安全，建立在自己之上，那是需要聖人之心，至少需要施以道德教育才能養成。

二、**思想相通的人**：思想是非常複雜的東西，有的是正面的，有的是負面的；有的是正派的，有的是反派的。佛與魔，絕對是不同的兩個世界，因此一個國家，一個團體，一個組織，要讓大家思想都相通，並不容易，只能「同中存異，異中求同」。假設說，現在把幾百位天主教的樞機主教集合起來，他們的思想會相同嗎？假如把佛教的三世諸佛都都集合在一起，他們的思想會相同嗎？可能在益世救人的大目標是相通的，至於如何救人的方法，不容易相同。

思想是一個最複雜的世界，它代表主張，代表施為，它有一種架構，有一些原則，但不容易要求一切都有一個必然的模式。因為即使是感同身受，感受的深淺、苦樂，也會有一些分別。

三、**立場一致的人**：同是農民有農民的立場，同是工人有工人的立場，同是商人有商人的立場，同是政客有政客的立場。依此類推，同是婦女有婦女的立場，同是老人有老人的立場，同是東方人有東方人的立場，同是西方人有西方人的立場。即使同一立場的人，也會有感受上的差異，例如，老師給每個學生一個巴掌，有的學生感謝，有的學生不服，有的學生懷恨，感同身受裡面，想法還是有不一樣。假如真要說到感同身受，面臨死亡時，母親願代兒子受死，這才是真正的感同身受，但畢竟這是偉大的母愛才能做得到的事。

新舊

各位讀者，大家吉祥！

事物都有新舊之分，新的、舊的各有不同的領域，新的不一定比較討好，舊的也不必然就會被遺棄。例如房子，有的人喜愛新居，有的人眷戀老屋。不管新舊，都有存在的價值，所以世界上不斷有新的產品出現，

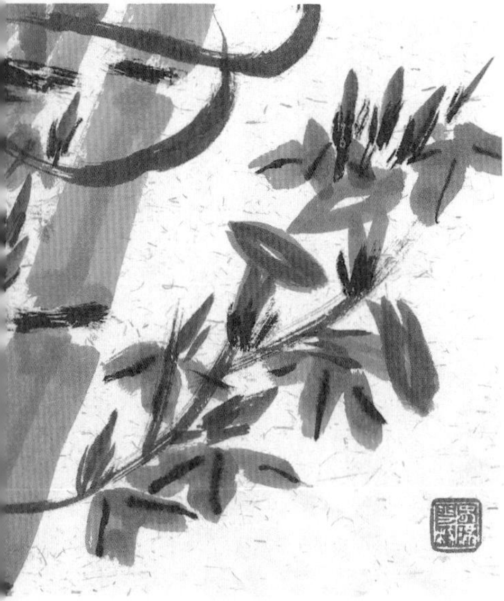

也不斷有許多舊的東西在流傳。我們在新舊兩者之間，應該採取什麼態度呢？

一、衣服的新舊各有所愛：有些女性喜歡在服飾上趕流行，三天兩頭上街買新衣，各式各樣的衣服塞滿衣櫥，甚至身上的新裝，一天可以換上好幾套。但是也有的人喜愛舊衣服，認為舊衣服合身、大方。喜愛的東西不一定是好的，不喜歡的東

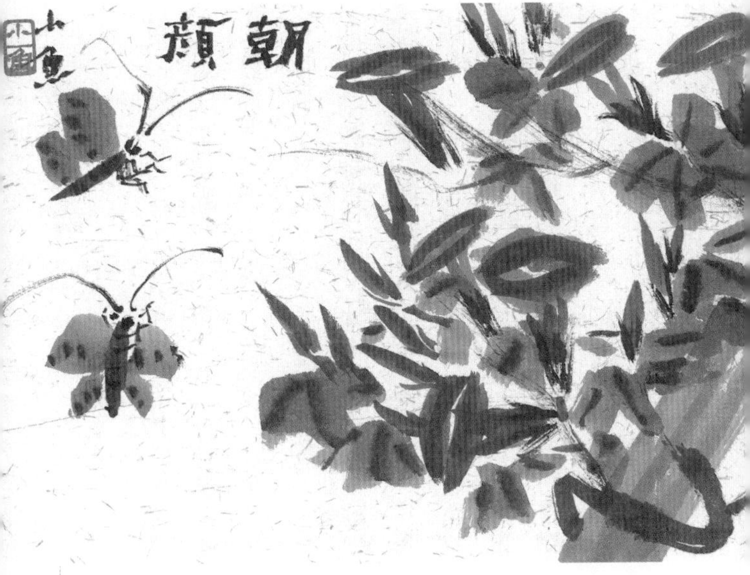

西也不一定不好，總之各有所愛。有的人喜歡西裝革履，有的人偏愛長袍馬褂，有的人愛穿夾克，有的人鍾情運動衫。衣服沒有絕對的新舊好壞，只要歡喜就好。

二、朋友的新舊各有交往：劉玄德曾經說過：「妻子如衣服，朋友如手足；衣服破，可以換，手足斷，不能接。」在朋友當中，又有新的朋友、舊的朋友，所謂「新知舊雨」。人生應該多結交一些朋友，能夠「相識滿天下」，到處都有朋友，這是人生一大樂事。但是在朋友當中，有的好文，有的好武，有的喜愛科學，有的喜愛文學，甚至財經、政治、士農工商，都可以成為

自己的知交。所謂在家靠父母，出外就是要靠不同的朋友，所以人要廣交善友，不管新舊，都值得來往。

三、職業的新舊各有適應：在人的一生當中，有很多轉換跑道的機會，每換一次跑道，就是換一種職業。本來是務農，忽然跑去經商，本來是經商，忽然想要開一家工廠。不管自己當老闆，或是幫人抬轎，總之都有機會更換職業。換個跑道不足為奇，重要的是，你的條件，你基本的思想、能力、財務，都能適應新的職業嗎？在換一個職業做做看的時候，你不能不考慮，我能適應嗎？我能發展嗎？

四、思想的新舊各有特色：每個人都有不同的思想、興趣，有的人愛好山水，有的喜歡都市，有的人習慣獨居，有的人樂於群聚。同是文學，可是人的思想不同，喜好也各有不同。有的人愛詩歌、小說，有的人愛散文、隨筆。同是宗教，喜歡誦經、拜佛、參禪、打坐，也是各有所好。在很多不同的思想差異裡，我們要能互相尊重，各取所愛。在世間做人，不必強迫別人都跟我一樣，同志必定是少數，要能和許多不同的人共同存在，才是可貴。所以對於不同的思想，就看我們不同的容量了。

五、時代的新舊各有發展：一般年輕人都說這是一個新時代，新時代必須要有新的思想、新的能力來發展新的事業。現在的世界，不斷有新的事物出現，連人都有「新人類」，甚至新國家、新發明。對於新舊，有的人不忍心見到新的一直在發展，舊的被捨棄，所以倡導

「新的思想，要有舊的道德；新的知識，要顧到舊的關係。」也有人主張，國防要有新的方略，經濟要有新的方案，甚至教育界有新教育，文學界有新文學，一片新的聲音直沖雲霄。

當然，現在已經進入新時代，一切要求新，這是順應時代的精神。不過，在順應新時代的同時，我們也不能忘記舊的所有，因為文明是要靠時間來過濾的。

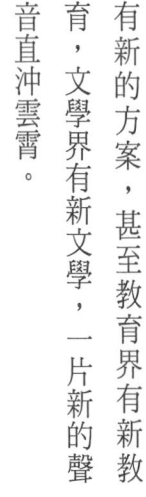

會聽

各位讀者，大家吉祥！

語言是傳遞訊息、溝通思想的工具，透過語言，可以表達自己的看法，可以表示對他人的關懷。從音量上說，語言有大聲、小聲，甚至還有無聲；從意義上說，有善言、惡言，也有不善不惡言；從虛實上說，有真話、假話，還有不真不假的話；從方式上說，人類以口講述，動物以肢體表達，風雨以自體撞擊發出聲音。

話人人會講，但是學習「會聽」更是重要。如何才算是「會聽」呢？略述如下：

一、聽善言要用心著意：對於他人加諸於我的惡語妄言可以不理會，但是善言美意則要用心著意。能記住善言，運用善言，就是會聽。

二、聽諫言要虛心接受：人總喜歡聽褒揚的話，不喜歡聽勸諫之語。俗話說「皇帝背後罵昏君」，在上位者如果以權勢對待下屬，不但無人敢諫言，只會助長竊竊私語的風氣。其實，「忠言逆耳」，對於諫言要能虛心接受，進而自我修正，才算是會聽。

三、聽謊言要明辨真假：有的人為了維護自身利益，不惜編造謊言欺騙他人。對於謊言，大可不必費心拆穿它，但是心裡要清楚明白，才不致亂了方寸。如此，也就是會聽了

四、聽謗言要反躬自省：俗話說：「不遭人忌是庸才。」一個人如果周遭完全沒有人批評、毀謗他，極有可能是個庸才。所以，被人毀謗不要緊，重要的是要自我警惕，有則改之，無則嘉勉。聽謗言能

反躬自省，那就是會聽了。

五、**聽讒言要心生警誡**：讒言比謗言、謊言更可怕。人很容易被讒言所惑而做下錯誤的決策。所以，對於讒言能心生警戒，而不被蠱惑，也就是會聽了。

六、**聽美言要心生慚愧**：批評的話少有人肯聽，讚美的話則人人愛聽。聽到人家讚美你真勤勞、很莊嚴、有智慧、好慈悲，大都會洋洋得意；反之，有人批評你真懶惰、沒氣質、很愚笨、沒良心，你可能就會難過好幾天。其實，在美言之前要心生慚愧，不能自以為是，才是會聽。

七、**聽惡言要確實檢討**：當別人以惡言待我時，應該自我檢討：我真是如他所罵的那樣嗎？如果不是，何必生氣？假如他罵的是事實，則要自我檢討，這才是會聽！

八、聽直言要心生感謝：有的人講話總是拐彎抹角，說了半天才聽懂他要表達的意思；也有的人講話直來直往，一針見血，但是較難讓人接受。其實，直言就好比人家送禮，送的是真品而不是假貨，應該感到歡喜才是。所以，聽直言能心生感謝，就是會聽。

「會聽」很重要。主管要會聽屬下的反應，處事才會圓滿；夫妻之間要會聽對方的心聲，才懂互助體諒；朋友之間要會聽彼此的看法，才能產生共識。因此，「會聽」是人生一大學問。

溝通之要

各位讀者，大家吉祥！

現代社會進步，並不只是科技發達，經濟繁榮；今天的社會，最進步的就是有溝通的觀念，有交流的意願，所以能促進人類的相互了解，如此世界和平才有希望。

說到溝通，並不是強迫你每年要向我進貢多少，而是在平等互惠的原則下，協調出一個彼此都能接受的結果。現在的時代，人與人要溝通，團體與團體要溝通，國家與國家要溝通。

東西德，經過溝通，所以柏林圍牆終於倒了；南北韓，因為各自堅持，溝通困難，使大韓民國分裂為二。海峽兩岸，也是因為溝通不良，共識不夠，管道阻塞，多年來一直僵持，不肯談判，以致光是一個直航問題遲遲不能達成，讓人民往來要繞道香港，多花冤枉錢，何其不智。

溝通是一門大學問，到底要如何溝通呢？

一、**溝通要語氣溫和**：人與人須要溝通，必定是彼此有了不同的意見，不同的利害，不同的認知，所以需要坐下來協調溝通。溝通時語氣要和緩，如果有一方在語言上表現強勢，一心想要獲得優勢，甚至用語言欺壓對方，這就叫做法執，如此溝通，必然會觸礁，不易成功。

二、**溝通要立場尊重**：溝通的雙方，各有不同的立場，各有執著，這是在所難免的；但是溝通時，彼此相互尊重，這也是必然要採取的立場。所以，溝通時不可以盛氣凌人，不可以擺出高姿態，不妨低調一點。所謂「敬人者人恆敬之」，尤其在談判溝通時，能尊重、讚美對方，要盡量表現出溝通的誠意，如此才有成功的希望。

三、**溝通要釋放善意**：溝通前就應該先釋放善意，讓對方放下心防，到了面對面的時候，更要表現出誠懇的態度，讓對方在你的誠心善意之下，不設心防的談判，如此容易成功。中國人彼此見了面，都會握手、拍肩，就是表達善意。甚至有事要談判，總會設宴請客，在飯桌上容易解決問題。所以，溝通時不必太僵硬，有時站在對方的立場講話，更容易達到溝通的目的。

四、**溝通要雙向交流**：溝通時，光是一方釋放善意還不夠，必須雙向交流，彼此「我敬你幾分，你敬我幾分」，雙方都能表達心中的想法，獲得對方的諒解、接受，如此才是懂得溝通之道。

五、**溝通要地位平等**：溝通時，彼此的立足點要平等，如果有一方覺得「我大你小，我強你弱」，一直壓抑對方發言，只講自己的理由，勢難溝通。真正有誠意的溝通，要聽取對方的心聲，了解問題的癥結所在，並且設身處地站在對方的立場思考。即使對方地位大小不如我，但由於我平等尊重他，讓他感到窩心，如此溝通才容易獲得對方的接受。

六、**溝通要皆大歡喜**：溝通不能講勝敗，不能造成一方受害，一方得利，既是溝通，就要「皆大歡喜」。現代的國家、社團、人我利害關係，如果想要溝通，就應該先訂下「皆大歡喜」的原則，如果不能達到這個目標，就不能談到溝通。

總之，所謂溝通者，必須你讓一步，我也讓一步，你進半步，我也進半步，大家能進能退，能退能進，最後各有所得，各有獲益，如此才是最圓滿的結局，也是最成功的溝通。

節約

各位讀者，大家吉祥！

現在是提倡生態環保、講究生活節約的時代。說到節約，資源的節約、金錢的節約之外，尤其生命的節約更為重要，因為無論金錢、物質、生命，都經不起浪費。

所謂節約，先要有愛惜的觀念，一滴水都有它的價值，所以要節約用水；一粒米來處不易，因此要避免浪費。今後的人類，唯有重視生態環保、講究生活節約，才能長治久安。

我們究竟要節約一些什麼呢？

一、要節約日減的能源：地球上，儘

管山很高、海很闊，資源十分豐富，但畢竟是有限的。根據現在科學界的報告，地球所蘊藏的汽油能量，按照我們現在的用度，只能維持五十年，五十年後沒有汽油能源，這個世界就沒有光，也不能動了。人類不知節約，一旦等到沒有能源的時候再來後悔就來不及了，所以當現在還有部份能源的時候，人類要節用愛物，以期能源可以天長地久，源源不斷。

二、要節約如紙的人情：人情冷暖，人情其薄如紙！人情何價？人情實在很澆薄。所謂「富在深山有遠親，窮在都市無人

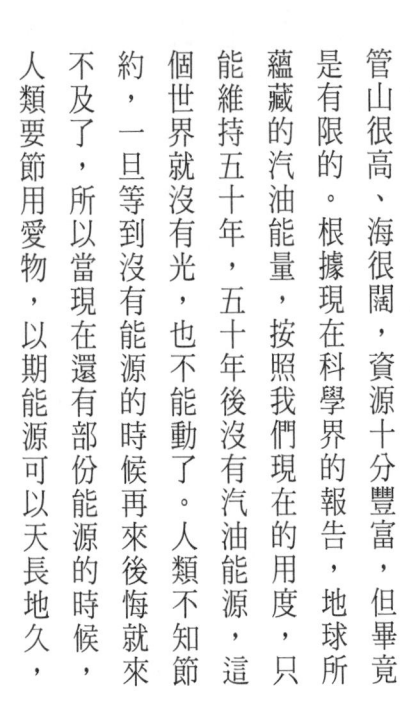

問」，這句話真是把人情形容得淋漓盡致。人情是什麼？人情無非靠金錢、權勢在維護，當一個市井小民沒有金錢，沒有權勢，人情那有什麼重要呢！現在的社會，已經到了仁義、誠信都沒有價值的地步，人情那有什麼價值呢！其實，人類眾生又名「有情」，世間的生命所以存在，都是因為有情愛的緣故；假如世間的情義都慢慢的澆薄如紙，甚至連紙張還不如，那時人類不知如何共生共存？

三、要節約易逝的時間：節約能源、節約感情之外，節約時間更是重要。時間就是生命，「一寸光陰一寸金，寸金難買寸光陰」，時間、光陰就是我們數十年的生命，現在我們要好好的珍惜人生數十年的歲月，假如人生一日能當五日用，你即使只工作了六十年，也能做到「人生三百歲」。普賢菩薩〈警眾偈〉說：「是日已過，命亦隨減」；小學的教科書也說：「日曆日曆，掛在牆壁，每日撕去一頁，我心實在著急。」為什麼要著急呢？因為撕去一張日曆，就消失了一天的生命，所以一天二十四小時，每分每秒都要善加利用。

四、要節約少分的福報：世間上，有的人有錢、有勢、有地位，有的人無錢、無緣，不受人重視。原因何在？都看福德因緣的有無。有福德，就好像銀行裡的存款，你取用方便；無福德，就好像銀行裡沒有存款，想要借貸也難。所以人生在世，應當培植自己的福德因緣，尤其還要懂得節約福德。一件衣服，別人只穿一年就丟棄，你能穿三年，你的衣服價值就增加了；一餐飯，別人要一千元、二千元不等，你一餐飯只要一百元、二百元就夠了。你能這樣節約自己的福德，進而再去為人服務、為人奉獻，你能愛人、利人，自然會有享受不完的福報。

義氣

各位讀者，大家吉祥！

中國的社會，過去都講究義氣，一個人在世間上和人交往，首重的就是義氣。關雲長「忠義千秋」，文天祥「浩然正氣」，都為人所稱頌。甚至孟子見梁惠王時，都要開導他：人要有義，何必曰利！

人生立足於社會，不能沒有義氣。什麼是義氣呢？

一、江湖的義氣是交心交命：行走江湖的豪俠之士，他們和人交往，可以為你犧牲，為你賣命，如「七俠五義」裡的白玉堂，為了感念義兄的仁義，甘願為他送命。中國的義僕、義友、義兄、義弟，他們為義捨生捨命的事例，不勝枚舉。江湖的義氣就是交心交命，所以江湖義氣才為人歌頌。即使是「雞鳴狗盜」之徒的廖添丁，因為重義，因此在台灣也盛名不衰。

二、**兄弟的義氣是委屈求全**：中國社會，過去都是三代同堂的大家庭，喜歡「多子多孫多福氣」。但是一個家庭裡人多，難免產生一些糾紛，這時重情重義的兄弟，都懂得相互忍讓。甚至異父母的兒女，為了義氣，彼此也會委屈求全。在蘇州的棗市街，有一座「泰讓橋」，相傳是周太王之長子泰伯，因為孝親愛民，讓位於弟季歷，避走於此，免去一場同室操戈、生靈塗炭的悲劇。後世民眾為了感念他的義氣，所以建橋紀念。二千多年過去，至今依舊車水馬龍。

三、**朋友的義氣是排難解紛**：朋友相交，貴相知心，如俞伯牙和鍾子期彼此結為知音，當鍾子期亡故之後，俞伯牙終生不鼓琴，因為少了知音。過去的朋友相交，彼此肝膽相照，當朋友有難，不但仗義疏財、排難解紛，甚至為友伸冤、為友犧牲。中國人把朋友列為「五倫」之一，並非沒有道理。

四、夫妻的義氣是患難與共：夫妻相處，最難得的是能夠同甘共苦。在中國的社會裡，賢慧之妻、有愛心的丈夫，大有人在。如明朝開國皇帝朱元璋，雖然是個粗魯霸氣的帝王，但是他有一個賢慧的大腳妻子馬皇后，他們不但患難與共，而且可以同享富貴。明清以來，這樣的美事影響社會十分深遠。

五、主僕的義氣是視如至親：在中國的舊社會裡，有錢有地位的家庭，都會雇用很多僕人。有的主僕相處，比家人還親，不但主人把僕人視如兒女，真情相待；僕人侍奉主上更是重義輕利，跟隨兩代三代是平常的事，甚至即使主人家道中落，僕人也是不離不棄，情義感人。

六、團隊的義氣是顧全大局：說到團隊的義氣，但看現在社會上許多社團，大家體認到同是從事公益，同為福國利民，在此大前提下，彼此忍讓，相互成就，這種顧全大局的精神，就是團隊的義氣。現在的企業界，更是為了團體的發展，接班人不分親疏，只重賢良。甚至新加坡、香港政府，也在國家財政充裕的情況下，分紅給民眾，把利益分享全民，更可見出團隊的義氣。

所謂「德不孤，必有鄰」，人有義氣，必然近悅遠來；國家有義氣，萬方來歸。世間豈能沒有義氣。

裝

各位讀者，大家吉祥！

有人說，這個世界善良的好人，是裝出來的，嚇人的魔鬼，也是裝出來的。其實，真正的好人不需要裝，真正的壞人，他也裝不起好人。因為既是假裝的，就不可能與原來的真相完全一樣，因此有人裝斯文，斯文的假相被人識破，一錢不值；有人裝可憐、裝可愛，讓人看破，所謂揭穿了假面具，要再讓人對他生起信心，恐怕就很難了。

有人裝道德，道德四兩可以充半斤，一時還可以蒙混得了別人；有些人裝學問，就不容易過關了，因為學問四兩是四兩，半斤就是半斤，由不得摻假。

這個世界，大部分的人都喜歡偽裝，化妝遊行、化妝舞會，甚至化妝表演。明明是一個不肖的奸臣孽子，到了舞台，可以化妝成忠臣孝子；明明是一個風塵蕩婦，在舞台上可以裝成大家閨秀。偏偏這個世間，多數人都為那些裝扮的假相而入迷，而陶醉，而嚮往；明明告訴你，這是化裝的，但是你看得出假裝背後的真相嗎？現在試舉數列：

一、**裝聾作啞**：有的人對你的所求，不表示認同，不肯幫助你，他就來個裝聾作啞，顧左右而言他，讓你不得辦法，只有知難而退。

二、**裝瘋賣傻**：有的人想要韜光養晦，不想在濁世裡與人共浮沉；有的人胸懷大志，不願與人同流合污，但又怕自己的意圖被拆穿，於己不利，因此就故意裝瘋賣傻。有名的蔡松坡將軍，就是靠這一套功夫掩飾，矇騙了袁世凱的偵探，逃到雲南組織起義護國軍，最後終於打破了袁世凱的帝王之夢。

三、**裝模作樣**：有的人沒有真才實學，卻喜歡裝成一副老學究的模樣；有的人道德修養不夠，但在人前總是一副道貌岸然的樣子。其實再怎麼裝模作樣，表裡不一，終會被人看穿。

四、**裝腔作勢**：有一些勢利小人，平步青雲，做了大官，他就裝腔作勢，展現他的威風。甚至現在一些大官的隨扈、跟班、侍從人員，乃至一個開車的司機、守門的警衛，都會狐假虎威，仗勢欺人，這都是善於裝腔作勢的小人。

五、**裝神弄鬼**：過去裝神弄鬼的人很多，尤其在民間，裝神弄鬼總是有人相信。有名的包青天斷案，在「狸貓換太子」這齣戲裡，就是利用「裝神弄鬼」這一招，把大惡人郭槐嚇得只有坦承招供。用裝神弄鬼來辦案，無可厚非，但用裝神弄鬼來欺騙人民，藉神斂財，殊為可惡。更有甚者，現在不但有人裝神弄鬼，還有人裝佛，真佛、活觀音、達摩、濟公、彌勒等，都有人裝，可憐的大眾，看裝的裝慣了，所以有的人「以裝為業」，也就不稀奇了。

總之，這是一個「裝」的世界，與其裝惡人、裝壞人，不如大家都來裝君子、裝好人，把這個社會裝成真善美的世界，那麼即使是裝，只要裝得真，裝得美，還是好事。

過分

各位讀者，大家吉祥！

佛教講究修行要「中道」，不偏左、不偏右，是為「中」；不執著、不鬆懈，也是「中」；不空不有、不苦不樂、不冷不熱、不多不少，都是「中」。凡一切事，如果超越中道，就是過分；過了分，就會出毛病。

飯菜好吃，吃得太多，過分暴飲暴食，當然會產生疾病；即使滿漢全席，奢侈浪費，也會吃出毛病來。正常的睡眠，是為了補足精神，恢復體力；但是睡得過分，造成精神懶散，萎靡不振，甚至還會睡出許多毛病來。

不只吃、睡過分會產生問題，有時候用力過分、用腦過分、用計過分，都會有不良的後果，所以凡事不能過分，是為上策，例如：

一、**用人不要過分**：世間事情，都要靠人而成，尤其要靠集體創作，所以人要有組織、有安排，要能因才適用。一般「大才小用」，力有過剩；用人太少，事情不能成辦。用人不當，不管太多、太少，所謂「七個廚子八個客」，或是「忙死了廚子餓死了客」，都是過分不當。

二、**說話不要過分**：人與人之間，不能不說話，但是說話太多，說了過分的話，只會壞事。有的會議，簡單的問題，由於說話不當，想法複雜，即使會議也不能解決問題。一場國際交涉，使臣的說話，有的「一言以興邦」，有的「一言以喪邦」。語言低調，事情能成；語言過分尖銳、傲慢，不但傷人，而且事情不能成功。春秋戰國時，出了不少說客，如蘇秦、張儀、范睢，李斯，都是一流的優秀說客，都是善於說話者。再如「觸讋說趙太后」與「馮諼客孟嘗君」，觸讋把已經決定不讓長安君到齊國當人質的趙太后說動，讓他改變心意；馮諼替孟嘗君用巧計說動齊湣王，得以重回朝廷執掌相印，都是因為善於言詞，所以說話要善巧，但不能過分。

三、**用度不要過分**：泉水涓涓，細水才能長流，不能過分汲取；力氣大小，量力而為才能持久，不能過分勞動。牛馬負重，超過體力所能，不能得到充份休息，導致死亡。人力亦復如此，尤其錢財要能量入為出，只有三百，不能支出五百；只有五千，不能支出八千。超額支出，就如同過分開發；一旦過分用度，入不敷出，只得舉債度日，但是等到債主上門時，日子就更加辛苦，更加難過了。

四、**欲望不要過分**：人間的生活，離不開「欲望」。「欲」是生命的源頭，人是因為「欲」而有生命的，生命要「欲」來維持，這也是正常的事。佛教講「五欲」，除通俗的財、色、名、食、睡等五欲之外，色、聲、香、味、觸也是五欲。生活中完全遠離五欲，生命無法存在，適當的需要五欲，還算正常；如果過分貪戀五欲，就為欲所牽引，尤其過分縱欲，人生的麻煩就會隨之而至。

五欲當中，有人過分好財，有人過分好色，有人過分好名，有人過分好吃，有人過分好睡，節欲是生存之道。佛教以希求真理法財來代替財欲，用希求慈悲智慧來代替色欲，用希求道德人格來代替名欲，用希求法喜禪悅來代替食欲，用正當休息來代替睡欲。因為過分縱欲，有害於人；懂得適當的疏導，欲望也是生存之道。

福報

各位讀者，大家吉祥！

經云：「人天路上，作福為先，生死海中，念佛第一。」福報就等於吾人倉庫裡的儲糧、銀行裡的存款、福田裡的種植。有福報的人，不但可以自助，更有人助、天助；沒有福報的人，做事往往諸多不順。所謂「升天自有升天福」，升天要有福報，做人其實也要有福報，有福報則富貴通達，吉祥平安。甚至修福報的人，即使輪迴轉世成為畜生，也是「大象披瓔珞」；沒有修福報的人，就算現世修行成了羅漢，也是「聖者應供薄」，可見福報的重要。福報從那裡來呢？

一、從環保資源中來：平時重視環保，愛惜資源；懂得惜福愛

物，當然就有福報。所以叢林寺院的齋堂門口，經常可見一幅對聯，寫著：「一粥一飯，當思來處不易；一絲一縷，須知物力維艱。」一個重視環保，愛惜資源的人，必有福報。

二、從發心作務中來：你努力耕種福田，禾苗才會生長；你發心作務勞動，事情才能成功。所謂黃金不會從天上掉下來，也不會從地上蹦出來，所有的榮華富貴，要從發心作務中求得。所以，有福報的人，相對的也可以見出他的發心來。

三、從積德結緣中來：愛惜錢財，儲蓄錢財，當然有財。積財得財，積德必然也會有德。同樣的道理，廣結善緣的人，必然也會獲得各種好因好緣。平時懂得愛惜生命，給人方便，幫助他人解決困難；能夠廣結善緣，還怕沒有福報嗎？

四、從慈悲喜捨中來：福報不在天上，不在地下，不在東西南北，福報在慈悲喜捨裡。所謂「捨得，捨得」，吾人只要有慈悲喜捨的善行，則福報自會從慈悲喜捨中光臨而來。

五、從慚愧感恩中來：慚愧如同華麗的服裝，穿了慚愧之服，能讓我們身心莊嚴；感恩好像活泉，知恩報恩的人表示富有。一個人穿戴莊嚴，自然受人尊重；一個懂得「滴水之恩，湧泉以報」的人，何愁別人不回報我們呢？所以，福報不但在慈悲喜捨裡，福報也在慚愧感恩裡。

六、從忍辱包容中來：經云：「忍之為福，身安親寧。」確實不錯，能夠唾面自乾的人，不是吃虧，必得大福。不但忍辱，而且能夠包容，其德至善且美！所謂「能忍自安，包容自富」，所以我們要求安樂富貴，何不學習忍辱包容呢？

七、從恭敬供養中來：佛法在那裡求？在恭敬供養中求。同樣的，福報從那裡來？從恭敬供養中來。你對三寶的恭敬，你對大眾的供養，所謂「敬人者人恆敬之，助人者人恆助之」，從因果感應的道理上來講，恭敬供養的人，必有福報。

八、從訂閱福報中來：世間上無論什麼事，有果必有因，有來必有由。有了訂閱《福報》的緣由，當然就有「福報」的果實，如心定法師說的《人間福報》「順口溜」：

「善有善報，惡有惡報；不是不報，時辰未到。
報紙有報，電臺也報，電視也報，天天都報，誰說不報。
也有早報，也有晚報。
破案得早，就是早報；破案得晚，就是晚報。
不論早報，還是晚報，總而言之，通通有報。
看來看去，選來選去，最佳選擇，還是人間福報。」

因此，你想要有福報嗎？除了積德行善、惜福愛物、發心服務、廣結善緣、慈悲喜捨、慚愧感恩、忍辱包容、恭敬供養等懿行以外，最好能夠及早訂閱《人間福報》。

縱情

各位讀者，大家吉祥！

人稱「有情」眾生，我們的感情要放在那裡呢？感情就像金錢一樣，金錢要存放在銀行裡才能安全；感情如果存放在不當的地方，會給自己帶來麻煩。例如，有些人縱情聲色，把自己的感情放縱在聲色犬馬上；然而聲是無常，色會變化，當你縱情聲色的結果，聲色不能讓你的感情安住，甚至會身敗名裂。有的人不務正業，縱情遊樂；可是自古以來就說：「勤有功，戲無益」，縱情遊樂，不務正業，只怕最後一事無成，只有悔不當初。那麼，我們的感情究竟要放在那裡呢？

一、**縱情山水**：「仁者樂山，智者樂水」，一個把感情拿來愛山愛水的人，山水必定也會回報給他愛心。山的崇高，山的寧靜，山的豐富，山的包容，喜愛爬山的人都會為高山所迷，增加人生的奮鬥力、仁慈心。大海一望無際，把感情貫注到海洋水邊，頓時心胸開闊，不禁興起探索生命奧妙的興趣，甚至探究人生的思想與智慧，也如海洋般波濤洶湧。所以縱情山水的人，會與大自然結上因緣，好像結交了富貴的朋友，好像把感情存放在安全的地方，這是多麼詩情畫意的人生。

二、**縱情書海**：自古以來，有的人縱情宦海，一心一意希求得到一官半職。但是現實的政治，權利的鬥爭，在政治場中，人生大起大落，並不是一個長居久安的處所。假如寄情於書海，經常逛逛書店，或者跑跑圖書館，甚

至家藏萬卷書，每日與書為伍，何其快樂。所謂「書中自有黃金屋，書中自有顏如玉」，其實這已不是現代人讀書的目標了，現代人讀書，為了擴大心胸，放大眼光。讀書可以吸收世界的新知，可以增加人生的思惟，對天地大自然的奧祕，對宇宙人生的內涵，在書海裡都可以找到答案。甚至一書在手，在空間上講，可以臥遊天下；在時間上看，可以與古代聖哲接心。縱情書海，也是人生一樂也。

三、縱情社服：現在人生的道路，

不完全為自己行走，也可以為別人而走。例如，無國界的醫生，把自己的感情寄放在愛人愛世上；一些宗教家，發揮自己的慈悲，到處宣揚救人救世的真理，不計國家種族，只希望施與慈悲。當然，也有許多慈善家，養老育幼，救護傷殘，還有許多義工，參與奉獻服務行列。這許多縱情於社會福利的人士，他們不只是為一己之安樂，他們把自己的快樂情感，融於社會大眾之中，把一生的情感放在福利社會大眾上，那是最安全可靠的寄託。

四、縱情世界：現在的人更加進步了，不把自己的情感交給一人一事，他可以縱情世界。他把世界的和平，人類的安樂，視為自己的責任，期許自己從事大自然的研究，給予生態環境的照顧，促進種族的和諧，增加國際間相互的了解。這許多仁人專家，以天下為己任，以天下之憂為憂，以天下之樂為樂。古代的佛陀、孔子、玄奘、耶穌，近代的史懷哲、哥倫布、庫克船長、鄭和，他們同樣都對世界付出了很大的愛心，發揮了很大的貢獻。

人是有感情的動物，感情總要有所寄放，愛一個人是愛，愛大眾也是愛，愛一件事是愛，愛天下事也是愛。所以，真正有意義的人生，不要把感情藏放在自私的角落，應該把感情縱放於山水、書海、社服、世界，才是美好的人生。

語言六事

各位讀者，大家吉祥！

語言是人與人之間互動、溝通最重要的表達方法。兒童出生之後，父母最關心的，就是學習說話。語言的重要，所謂「一言以興邦，一言以喪邦」，看起來嘴邊的兩塊皮，可能引動兩人之間一世的感情，也能影響族群、國家之間的互動、往來，甚至事業成否、選舉勝敗、公關得失，都是要靠語言。

佛教非常重視語言，所謂「佛以一音演說法，眾生隨類各得解」，佛法的弘傳，要靠語言傳播。但是有一些不正當的語言，被稱為「妄語」，也是非常可怕的說話，所以列為「五戒」之一。

茲將不當的語言，略述如下：

一、**說謊欺騙**：語言首重誠實，不誠實的語言，就是說謊，就是欺騙。語言固然可以成就世間的好事，但是騙財騙色，也都是靠語言。甚至「是言不是，不是言是；見言不見，不見言見」，這都是說謊、欺騙的行為，會製造人際的糾紛、仇恨，不能不慎。

二、**惡口罵人**：語言當中，比較嚴重的就是惡口罵人。惡口罵人不但讓對方難堪，甚至語帶諷刺，言帶譏誚，讓人聽了如同針刺。每個人都重視自己的尊嚴，就算長官罵部下、父母罵兒女，罵人是傷害別人尊嚴最不好的行為。有時朋友之間一言不合，破口大罵，甚至大打出手。惡口罵人，傷人尊嚴，都會有嚴重的後果。

三、**搬弄是非**：人類最醜陋的語言，就是搬弄是非。本來天下無事，可是經過他的語言挑撥，說是論非，搞得別人感情破裂，好事破壞。現代中國移民風氣很盛，我在歐美各國旅行，常問一些移民人士為何要移民？多數人都回答：在中國是非很多，到了這裡，各自行事，彼此尊重，不會談論是非，無比自在！不說是非，不但社會和諧，也能建立國家美好的形象。

四、**言語曖昧**：在佛教的妄語中，有一種「綺語」，也是不正當的語言。所謂綺語，就是語言曖昧，充滿挑逗。例如，盡說些風花雪月、男女私情、八卦新聞，乃至他人的私事密聞，信口說來，不負責任，都是不當的語言。

五、**閒話批評**：在語言的毛病中，一般人最容易犯的，就是任意說些閒話，無端批評別人。每個人說到自己，好像並不太能認識自己，但是一說到別人，個個都像是專家，此人不當，那人不是，任意評斷，胡言亂語。因為說話批評並不犯罪，尤其現在的電視台，每日有談話性節目，論人是非短長，被批評的人即使吃了悶虧，為了息事寧人，也不給予回應，以致助長了閒話批評的不良風氣，對社會的發展，實有不良影響。

六、**善意妄語**：在佛教裡，有「方便妄語」的說法，也就是善意的謊言。凡是對人無害，甚至對人有幫助的謊話，不會造成不良後果，就定名為善意的妄語。在人事相處上，有時為了避免不必要的困擾，或是不願造成別人的不便，偶而難免需要打個小妄語。但是使用方便妄語的時候，也要明白是非，要能成為有智慧的語言，才是真正的善意。

認錯

各位讀者，大家吉祥！

「人非聖賢，孰能無過；知過能改，善莫大焉！」一般的凡夫俗子，大都不肯認錯，更遑論改過了。認錯好像是聖人的行為，如曾子說：「吾日三省吾身」，曾子就肯認錯；大禹「聞過則拜」、子路「聞過則喜」，可見認錯需要有聖人的修養。

一般人其實也想認錯，只是有的人低不下頭，有的人嚥不下一口氣，有的人道

歉的話講不出口，所以佛教對認錯有一個規定：要發露，才是懺悔認錯。所謂「發露」，就是要說出口，要公布出來，發露了才算懺悔。日本乃木希典大將，被稱為「軍神」，在日俄戰爭之後，班師回國，萬千的群眾聚集在東京車站裡歡迎榮歸，但乃木大將已經在前幾站就下車，走向陣亡將士的家裡，一一向家屬謝罪，這是認錯的最好典範。

茲將認錯的好處、意義，分析如下：

一、**能增加美德**：小兒女犯錯的時候，爸爸媽媽要打他，當爸爸媽媽舉起棍棒，他立刻說：「爸爸，媽媽，我下次不敢了。」可能爸爸媽媽就打不下去了。所以從兒童時期，就知道認錯的好處，長大後，雖然有時難免會犯錯，但犯錯只要肯認錯，就是最大的美德。

二、**能獲得人緣**：不認錯的人，縱使是對的，人家也不會給予尊重，反而認錯能獲得人緣。例如，常常把「對不起」掛在嘴邊：「對不起，昨日的會議不該早退」、「對不起，前天跟你講話，不該打擾你那麼多時間」、「真過意不去，我上午竟然那樣冒犯你」。如此肯得認錯，所謂「一笑泯恩仇」，一認錯，心中的疙瘩消除，自能增加彼此的善緣。

三、**能改進惡習**：人的執著、貪欲、瞋恚、我慢等惡習很多，如果不肯認錯，更是惡劣的習慣，假如肯得認錯，就是良好的習性。人生經過一個轉捩點，罪惡變為善美，黑暗變為光明，惡習也會成為善的行為。

四、**能變化氣質**：人生最重要的事，就是氣質的變化。為什麼要讀書，為了變化氣質；為什麼要做善事，為了變化氣質，增加慈悲。一個人有沒有學問、有沒有權勢不重要，有沒有氣質很重要。我們的談吐有氣質，我們的行事有氣質，我們和人來往很有氣質；你有氣質，做人處事，和人交往，就能增光很多。

五、**能培養勇氣**：認錯不是懦夫的行為，認錯也不是弱者的表現，認錯是勇者，認錯能培養自己的器度。認錯需要勇氣，認錯需要智慧，現在舉世各民族，最能勇於認錯的，要算是美國人了，只要你有理由，即使官員也會向你認錯。

六、**能受人讚美**：認錯不會遭人歧視，不會被人批評，反而會令人欣賞、諒解、佩服、讚美。我見過許多年輕人，死不肯認錯，別人對他的錯誤就會耿耿於懷，不能原諒。但也有少數高層次的年輕人，錯了即刻當眾認錯，反而受人尊重，以後的日子受人推崇、讚美。類似的例子不勝枚舉，因此不禁要問：青年人為什麼不知道反省認錯呢？

誤

各位讀者，大家吉祥！

「誤」是可怕的事，應該到達的時間沒有到達，是「誤時」，應該完成的事沒有完成，是「誤事」。說話會意不清，造成「誤會」；送一份禮，如果不適當，也會有誤。

人與人之間最好不要產生誤會，萬一有了誤會，也要趕快解釋清楚，因為「誤」難免會造成憾事，例如：

一、**醫生誤診**：醫師替人看病，應該對症下藥，但是診療時出了差錯，造成誤診，後果不堪設想。例如，本來只是腸胃不舒服，誤診為腸癌；本來只是精神欠佳，他說得了憂鬱症。許多的檢查，誤斷

秋色如金
小魚

病情，造成病人身心的煎熬。有時候身體已經有了嚴重的病兆，卻沒有及時檢查出來，以致延誤就醫，更會造成無法彌補的後果。

二、**法官誤判**：「清官難斷家務事」，就是再優秀的法官，對於一些刑案有時也容易發生誤判的情形。現在的官司，當事人能言善道，或者請律師出場，或者懂得法律常識的人加以指導，原告、被告，誰是、誰非，法官就很難裁決了。一些司法案件，經過初審、二審，甚至三審定讞，其中還是有隱情，有時引法困難，還要靠大赦來解決，可見法律上有時也會造成誤判。

三、**記者誤報**：記者報導新聞，是提供民眾知的方便，但是有的記者筆下不公，寫好寫壞，全憑個人好惡；有時一字之差，或者全篇立場不公，都可能誤導民眾。甚至不只記者誤報，到了報社編輯，還要經過主管修改，本來是「狗咬人」，但為了聳人聽聞，偏要改成「人咬狗」。今日的媒體報導，小事擴大，大事又更渲染，造成讀者要想知道事情的真相，此實難矣！讀者讀不到真實的報導，倒也罷了，有些當事人受到誤報所產生的傷害，那就無法估計了。

四、球員誤傳：打籃球，一個誤傳，不但自己不能得分，反而給了對方可乘之機，這一進一出就少了四分。踢足球，一個誤傳，對方就靠你的失誤而贏了球。棒球比賽，全隊都是明星，陣容堅強，但只要一場戰役中有人誤傳，或沒有及時把球正確傳出，讓對方上壘，甚至回到本壘得分，戰局急轉直下，後果就難以預料了。

其實也不只是球賽會誤傳，電信局人員把電報誤傳，郵政人員把郵件誤送，政府機關公文誤發；所有的來往只要有誤，後面都可能產生嚴重的結果。

五、**教師誤導**：學校裡的老師，所有教學的目的，是要引導學生走上一個新知的世界，走上一個正派的未來。《佛遺教經》說：「我如善導，導人善路，汝若不行，過不在導。」但現在的老師教學，有時也會發生誤導，讓學生因而在思想上有了偏差，誤入歧途，是則教師也難辭其咎。老師的言行影響學生的未來甚鉅，尤其思想是未來成敗的重要關鍵，不能不慎。

六、**官員誤國**：政治人物，在施政上有時也會誤民，甚至誤國。犯了嚴重誤國、誤民之過的官員，實際上最後是誤己。舉凡圖利私人、貪贓枉法、處事不公、決策錯誤，乃至外交、軍事上誤信情資等。官員誤國，害的人可就多了。

說到誤，像流言的誤傳、功臣的誤殺，甚至颱風的誤報等，其可怕的後果，在在說明，人間不能有誤。

說好話

各位讀者，大家吉祥！

「說好話」是「三好運動」的第二件事，也就是身口意「三業」裡的「口業」修行。

說好話就是淨化口業，到底應該說些什麼好話呢？舉例如下：

一、這位張先生經常在各地修橋鋪路，尤其勤於助人，是一位社會好人。

二、這位李小弟，雖然年齡幼小，可是在各地倡導環保回收，專做一些別人不願做的事，非常難得。

三、這位王同學參加「百萬人興學活動」，雖然自己也還在求學

階段，仍不忘要幫助一般社會教育的推展，誠屬可貴。

四、這位劉老婆婆非常有禮貌，在任何地方都可以聽到她把「請，對不起，謝謝你」掛在嘴邊。

五、那位陳老先生很熱心公益，你看他在社區裡掃街，整理環境，真是把大眾的事都看成是自己的事。

六、這位吳太太慈悲喜捨，熱心助人，尤其社會上稍有風吹草動，那裡有災難，他都熱心搶在人前，給予贊助。

七、那位王經理心地很柔軟，就像菩薩一樣

慈悲。

八、那位周太太很有氣質，知書達禮，尤其信仰虔誠，熱心助人。

九、這位林先生天生就有領袖的魅力，看他親和的態度、熱誠的說話，處處為人設想，總是給人帶來無限希望。

十、這位趙女士，全身散發著濃厚的道氣與德行的芬芳，讓人樂於親近。

十一、這位周總經理，平時總是氣定神閒，而且平易近人，歡喜助人，是個肯於給人因緣的人。

十二、那一位蔣科長，談吐幽默，詼諧風

趣，和他在一起，真是如沐春風，他為人間增加了無限的樂趣與歡笑。

十三、這一位沈大姊，非常愛惜福報，把握因緣，在任何時候、任何地方，他都會給人歡喜，是一個很有智慧的人。

十四、這位韓太太真好，在團體裡總是隨緣隨眾，跟他建議什麼，總是從善如流。

十五、這位鄭老師，關懷社會，謙恭柔和，尤其說話時就像冬陽春風，讓人感到溫暖、舒服。

除了以上所舉，再如：你真是一位君子，溫良謙恭；你真是一位大作家，文章如行雲流水；

你很有藝術才華，書畫寫字，獨樹一格；你做什麼像什麼，真是言行不二；你發心護眾，守時守信，令人尊敬……。

其實，所謂好話，舉凡讚美人的學問、道德，關懷人的身體、生活，乃至對人尊敬、給人安慰，能夠鼓舞別人信心、勇氣的話，都是好話。

說好話讚美人，也要適當、得體，而且要恰如其分的針對他的特長而說，如果讚美不當，讓對方覺得你是在諷刺他，那就適得其反了。所以，說好話需要智慧，更要真誠，才能發揮好話的正面力量。

罵人的藝術

各位讀者，大家吉祥！

罵人是惡口，罵人是不好的行為，不管什麼人，你罵他，他都會不高興、不歡喜。

生氣罵人，如果能夠解決問題，當然可以生氣，可以罵人；但是如果不能解決問題，你生氣罵人有什麼用呢？

當然，有一種人很不講理，做事又粗魯、笨拙，你跟他一起工作，若說全然不會生氣，也是很難。不過如果你對他有所責備、教訓，最好講究一點委婉、含蓄的藝術，或許在不致令他太難堪的情況下，他能心領神

會，接受你的教訓。因此，罵人的藝術很重要，試舉其例：

一、當你遇到一個自認為自己很聰明，講起話來頭頭是道，自以為通情達理，但其實他所講的都是自己的理，所做的事也不能關照到各種細節，總是紕漏百出，可是他卻沾沾自喜，自以為是。遇到這種人，如果你心中對他有所不滿、批評、責備，有時鬧得大家不歡而散，也很掃興，不如你說：「你真的是很聰明，俗話說『人有七竅』，你至少已經通了六竅。」乍聽之下這是讚美他的好話，但其實後面的一句是罵他「一竅不通」。

二、有的人喜歡自吹自擂，例如吹噓自己如何會做事、如何能言善道、交際手腕如何高明等，但實際上和他相處的人都暗暗竊笑，認為他吹牛自大。對於這樣的人，你雖然不想讚美他，但也不能對他相應不理。這時你可以「欲貶還褒」，說：「你真的什麼都很好，不過就是差了那麼一點，否則你還可以把自己說得更好。」言下之意就是暗示他：「你還不夠好，不能自滿」。

三、有的人做人自私自利，沒有道德人格，平時專門找人麻煩，甚至設計陷害別人。對於這種人，你雖厭惡他，但如果你罵他沒有人格，缺德害人，他一定不服氣，所以最好加上「我們」，變成「我們做人不可以缺德」。你能把好事歸給他個人，壞事由「我們」共同承擔，雖然言下已有罵人的意味，但被罵的人也不好反彈，因為「我們做人不可以缺德」，雖是暗諷，也是至理。

四、罵人不能吹毛求疵，不能找人麻煩，小小事情，不值得動怒，何必動之於口，傷人感情。罵人的話只能一句，不能罵很多，也不能罵得太明白，有知識的人到底不能像潑婦罵街，只能點到為止。例如，他偷東西是賊，搶東西是匪；如果你罵他是盜是匪，他一定勃然大怒。如果你換成另一種語言說：「像你這樣一表人才，應該不會淪為竊盜之流。」或者說：「像你如此溫文儒雅的人，怎麼可能與盜賊為伍。」給人留一點餘地，留一些空間，他反而容易檢討、改過。

罵人是不得已的事情，就等於父母教育兒女，老師教育學生，沒有責備，對方就不知道自己的過失。因此，即使是佛陀，有時候也會責備弟子「不知慚愧」、「不知苦惱」，甚至罵出「非人」這麼重的話，可見罵人也是教育，有時難免不罵也。

選賢

各位讀者，大家吉祥！

談到「選賢」，一般人以為，只有政治上的選舉，才需要「選賢與能」。其實，男女婚嫁，也是要選賢；公司裡甄試職員，也是要選賢。甚至採購一件物品，也都要選物美價廉的。

「選」，就是揀別自己所喜歡的、所需要的，或是對自己有價值的。人當然要選，從嬰兒出生之後，就選他比較愛爸爸，或是比較愛媽媽？甚至選擇他喜歡吃什麼？喜歡什麼顏色？喜歡什麼玩具？喜歡什麼糖果？人的一生，都在選，怎麼選呢？

一、男女婚嫁要選賢，家庭才能和樂：現代青年男婚女嫁，選擇對象都是選俊、選美，注重外表；如果懂得選賢，就能重視內在的美德。家有賢妻，家庭和諧；家有賢夫，家能發展。儒家重視「正心、修身」，然後「家齊、國治、天下平」。其中家庭是國家社會的基本單位，每一個和諧的家庭，家中每一個分子都能和睦相處，尤其夫妻必然互相敬愛，因為賢妻賢夫，這是幸福家庭的根本。

二、結交朋友要選賢，往來才能互助：現在的世界，已經成為旅遊的世界，現代的人生，也是重視旅遊的人生。每當外出一日

遊、三日遊，甚至一月遊，一定都有一些「遊伴」，在這些遊伴當中，總能交到幾個好朋友。朋友相交，所謂「龍交龍，鳳交鳳，老鼠的兒子會打洞」，交朋友當然要選賢，才能見賢思齊，將來才能相互幫助。交朋友不能只看他能言善道，或者機智靈巧，甚至有錢有名，都不是結交的對象。交朋友最重要的，要有「賢德」，有賢德的朋友在你飛黃騰達的時候，他會默默為你祝福，在你窮途潦倒的時候，他會給你一些幫助。所謂朋友，能夠患難相助，同甘共苦，尤其「友直、友諒、友多聞」，最是重要。

三、主管領導要選賢，大局才能顧全：古代周文王討伐商紂王時，急需一位才德兼備的人領導，於是遍訪賢才；後來大軍行過渭水之濱，看到姜子牙在水邊垂釣，釣竿離水三寸。當大軍過境時，他安然不動，完全不受外境干擾，可謂心如古井。周文王好奇，與其相談，一見傾心，於是同車請回，拜為相國，正所謂「慧眼識英雄」。唐太宗李世民即位之後，一些重要的職位仍沿用前朝老臣，甚至是被害之兄弟的家臣，只要賢能者一律重用，加上自己任用的賢良之才如房玄齡、杜如晦、魏徵等，故能締造「貞觀之治」。再如春秋五霸之一的齊桓公，他能顧全大局，不計「一箭之仇」，重用管仲為相，因此管仲也能為他射天下，可見身為領導者若要能成事，首先必須懂得選賢。

四、民主選舉要選賢，國家才能安定：舉世之間，都在追求自由民主，自由民主的政治就是要講究選舉。所謂「選賢與能」，需要選民們都有民主政治的認識與修養，真正把賢能的人才選出來，則國家必能長治久安。現在的國家，有的還在民主政治過度期中，由於選民素質不夠，容易接受賄選，或講究關係，以人情為重，以致不能把真正賢能的人選出來。另一方面，一些真正賢能的人也不敢出來競選，因為怕站出來之後，被對方攻擊傷害，有的連祖宗八代都要被對手拿出來漫罵、污辱，難怪有一些人不敢輕易嚐試。

如此賢能不出，家怎能和？友怎能助？事怎能成？國怎能治？所以選賢之重要，由此可知！

隱私

各位讀者，大家吉祥！

人都有一些不欲人知的個人生活、行為，叫做「隱私」。私人的信件、私人的住處、私人的收藏，只要是私人所有，法律都保障他的隱私權；只要他沒有犯法，他的私人權利都要受到尊重。

人有些什麼隱私呢？

一、**家世年齡的隱私**：有的人不願意把家世背景對外公布，大家應該尊重他的隱私。就如同有些人喜歡問別人年齡，一般年輕婦女都覺得對方問話無禮，不予回答。反之，有的人歡喜張揚家世、經歷，甚至他所結交的朋友，都願公諸大眾，這又是另一種看法。但是，一般的個人資料，應該都是屬於個人的隱私權範圍之內，應該以不去觸及為好。

二、**金錢存款的隱私**：有些人在機關裡服務，月薪、年薪多少，他不願讓別人知道，這是他個人的隱私。他在銀行裡的存款，他有幾棟房屋，只要不貪污、不犯法，應該尊重他的私人財務機密。現在的媒體，經常報導私人的財務，甚至還要問他：房屋什麼時候買的？買了多少錢？錢從那裡來？完全不顧私人隱私，這種社會也不可愛。

三、**感情生活的隱私**：每一個人都有交友的權利，都有談愛情的自由，只要在國家法律許可之下，除了跟他有關係的人之外，別人不得聞問，因為感情是每個人的隱私。可是我們的社會，就是歡喜窺探別人私密的感情，致使多少男女，就因為記者拍了一張相片，讓有情人不能繼續交往。尤其不少演藝人員，如樂蒂、林黛、阮玲玉等，都是為情而死，這都是社會對私密感情不予尊重而造成的後果。

四、**健康狀況的隱私**：現代人身體健康的資料，在醫院裡都有記錄，不過這是個人的隱私，應該受到保護。但是有一些媒體，千方百計挖掘名人就醫的資料，公諸於世，讓他尷尬，難以處理。個人的健康狀況，如係國家元首、公眾的政治人物，某些資料應該透明化，確實有益於大眾。但是有的人為了選舉，例如在台中曾有醫師，把一位市長候選人的健康資料公布，甚至指出他患有重病，不宜擔任市長，企圖以其健康不佳的理由令其不能當選。其惡劣的手段，引起公憤，這就是不尊重別人的隱私。

五、**思想意志的隱私**：一個人的意志、思想，只要沒有表現在外，也沒有危害大眾，他想些什麼？將來要做些什麼？應該有隱私的權利，別人不可越俎代庖，替他公布，這也是對個人隱私的不尊重。

自古以來，多少思想犯，甚至政治上屈打成招，逼他說出個人不同的思想，羅織其罪，讓多少優秀人才，因此成為不同思想下的犧牲者，白白拿生命去葬送、犧牲。所謂「可憐永定河邊骨，都是深閨夢裡人」，這是描寫戰爭的殘酷。其實歷代以來，許多有為的青年只因思想不同，成為可憐牢獄中的思想犯，讓人也不得不為千古的冤屈，同聲一歎。

禮貌

各位讀者，大家吉祥！

禮貌是立身處世之本，也是人間和諧的要素。一個人有沒有教養，就看他做人懂不懂禮貌。禮貌不能光看外貌形相，要從內心的修為開始。優質的人生，有教養的生命，禮貌必定健全。

禮貌有長幼之間的禮貌、朋友之間的禮貌、男女之間的禮貌、國際之間的禮貌，禮貌實在是人生立身處世的一大學問。說到禮貌，有以下意義：

一、禮貌是自我的修養：一個宗教徒，必然要向他們的教主、教師禮敬，所謂「佛法在恭敬中求」。修行先要修心，先把內心的貢高我慢修正，養成自己的謙卑、尊重，在人我之間、衣食住行中，隨時隨地待人有禮，這就是自我的修養。

二、**禮貌是心意的傳達**：禮貌是傳達尊重、讚美、善意、友誼的表示。我對你恭敬、尊重，必定會在一舉手、一點頭、一微笑中，先把自己的心意，透過這些動作表露出來，傳達給你，讓你知道我的善意之後，給我一點認同、肯定，如此就可以相互合作，共同建立未來的關係。

三、**禮貌是處眾的準則**：

人和人都要相處、往來，我們在大眾裡與人相處，最重要的就是要有禮貌。人我之間有時難免有一些是非得失、利害關

係，到底誰對誰錯、誰好誰壞，甚至誰有理誰無理，先決的評斷標準，就是看誰有禮貌，誰沒有禮貌。我先把手伸出去，跟你握手，你不肯回應，就表示失禮；我向你微笑點頭，你面無表情，就表示你無理；我對你客氣說請坐、請用茶，你相應不理，就是你沒有禮貌。沒有禮貌就先輸了一籌，修養、氣度都已經落在人後，又怎麼能和人同等較量呢？

四、**禮貌是家庭的倫理**：兒女出生後，父母首先要教育的就是禮貌，所以在嬰兒牙牙學語時，就要教他叫爸爸、媽媽、阿公、阿婆。再大一點，要主動的跟人問候：早安、你好；要學習優雅的語言：請、對不起、謝謝你。家庭裡，雖然是父母兄弟姊妹，但彼此之間要有禮貌的語言，要懂得長幼有序，才能維護家庭的倫理。

五、**禮貌是社會的和諧**：社會是由很多不同的分子所組成，彼此來自不同的家庭、不同的成長背景、不同的生活習慣，甚至不同的族群。在很多的不同裡，要得社會和諧，必須用禮貌來規範。你尊重我，我包容你；你體諒他，他同情你。禮貌有時可以用語言表達，有時可以用肢體表示，有時可以用物品示好，有時可以用謙讓說明。中國人有所謂「禮多人不怪」，社會的安定和諧，要靠大家尊重、互助、友好，用禮貌才能維繫社會的和諧。

六、**禮貌是人間的橋梁**：語云「有理走遍天下，無理寸步難行」。同樣的，有禮貌的人，走到那裡都會受人歡迎；沒有禮貌的人，到處讓人迴避。禮貌是人與人之間的橋梁，也是國與國之間的橋梁，世界上的河流那麼多，要靠橋梁才能通過；同樣的，人生的河流，要靠禮貌才能通過。如果人與人之間、國與國之間，都能重視禮貌，彼此以禮相待，還怕世界不能和平嗎？

寵物

各位讀者，大家吉祥！

有人說現代人喜歡養寵物，其實古代的帝王，三宮六院七十二嬪妃，所謂「寵妃」，不也是寵物嗎？還有弄臣，也是專寵於帝，不也是寵物？現代有一些男人，所謂三妻四妾，其中專寵某人，不也是他的寵物？

除了這種專寵之人以外，北宋處士林逋所謂「梅妻鶴子」，這不是他的寵物嗎？有些人喜歡無情的東西，例如金銀玉器、骨董古玩等，因為專愛收藏某些物品，因此被批為「玩物喪志」。

其實喜歡寵物，不管有情、無情都好，但有些人根本不夠條件養寵物，例如喜歡養馬，但他虐待馬匹；喜歡養雞，只是養來當鬥雞；喜歡養蟋蟀，也是養來互鬥，讓牠們遍體鱗傷，真是何其忍心。

所謂寵物，現代人養寵物也出現一些問題，例如棄養、虐待等，這都不合乎人道，對寵物而言也不公平，所以養寵物應該做到如下數點：

一、**養牠，不要遺棄牠**：現代人養寵物，如小貓小狗，小時候很可愛好玩，因此百般愛寵，視為寶貝一般。但是一旦寵物老了，如貓、狗老了，就棄養不顧，讓牠們流浪街頭，成為流浪貓、流浪狗。政府為了解決滿街的貓狗，不得不加以撲殺，手段殘忍，令人痛心。其實生命何等珍貴，即使沒有被撲殺的棄養寵物，因為被豢養時日久了，忽然棄之不顧，牠已無求生能力，所以寵物不堪遺棄，既然當初養牠，就不要遺棄牠。

二、愛他，不要玩弄牠：西班牙人愛牛、養牛，但是更歡喜鬥牛，當鬥牛士一刀插進牛的要害，真是何其殘忍。香港人賽馬，很多賽馬師養馬，當馬匹力不勝任，未能追逐勝利的時候就棄養之，不供水草，也是何其無情。養隻猴子，就要牠做種種的表演，以供自己娛樂；養隻松鼠，也是把牠關在籠子裡，看著牠團團轉，以此取樂。一些海洋動物，如海豚、海豹、海狗等，也是受人們的食物控制，要牠們聽話，種出種種表演，也是良堪痛苦。

三、護牠，不要虐待牠：「保護動物」不是一句口號，而是人類愛心的培養。現在有些人養寵物，只乘自己一時的快意，對寵物不但保護不夠，甚至施以虐待。例如，為狗兒戴上狗套，不讓牠自由活動；把小鳥關在籠子裡，讓牠失去自由飛翔的權利。有的人養猴子，為了不讓牠成長太快，故意不給水喝，以控制牠的體型。甚至給猴子吃塗上辣椒的香焦，然後看著牠因麻辣而奔跳不已的表情而樂不可支。如此虐待動物，實在於道德有虧。

四、教牠，不要寵壞牠：一般父母寵愛小兒小女，但真正明理的父母，不是一味溺愛兒女，而會教育兒女懂事有禮貌，這才是真正的愛護。同樣的道理，我們養寵物，愛牠就要施以適當的教育，例如對小貓小狗要教牠不可隨地便溺，讓牠養成注重衛生的習慣。尤其有些動物本性善良，飼主卻故意教牠凶猛；甚至訓練獵犬，要牠捕捉小動物。雖然世間生態要平衡，但是人為的傷害，有違自然，都是何其殘忍。

難看

各位讀者，大家吉祥！

人在日常處眾中，一切行儀都會引來別人的觀感、看法。有時候我們讚美某人威儀莊重，為人正直，或說某人慈祥愷悌，平易親切，都可見出其行儀之美。但也有的人行為不正，或有不當，表現出一些難看的表情或行為，讓人看了，嗤之以鼻，例如：

一、垂涎欲滴，**吃相難看**：人的性格，有的人好名，有的人好利，有的人好面子，喜歡裝門面，但也有的人好吃，看到美食就嘴饞得口水都快要流下來。尤其參加宴會時，眾人都很有風度的相互謙讓，只有他緊盯著滿桌菜餚，一副垂涎欲滴的樣子，甚至急不可待的動筷子，旁若無人的狼吞虎嚥。這種貪婪的模樣不但吃相難看，而且讓人覺得他教養不夠。

二、眾中無狀，行為難看：有的人非常注意出眾，在大庭廣眾裡總是表現自己禮貌、優雅的一面；但也有的人在大眾中，坐無坐姿，站沒站相，喜歡與人勾肩搭背，交頭接耳，一些不合禮儀的無狀行為，只會讓人敬而遠之，不會想要與他結交。

三、見錢眼開，樣子難看：錢財人人喜愛，但錢財應該取之有道，只是財色往往使人失態，有些人只要有錢可賺、有利可圖，總是不擇手段，甚至不顧尊嚴的諂媚奉承有錢人，就如螞蟻見到糖果、蝴蝶遇到花香一般，那種見錢眼開的樣子，真是難看至極。

四、色膽包天，形象難看：有的人行為不檢，在大庭廣眾下，公然對異性以言語挑逗，或者做出不尊重人的行為。這種色膽包天的人，固然毫無形象可言；有的人私下偷偷摸摸，做出有違禮法的放蕩行為，也是令人不恥。

五、**得意忘形，威儀難看**：有些人傷心失意時，傷痛欲絕，倒也情有可原；有的人得意時，例如中獎、升官、考取功名等，他就眉開眼笑，喜形於色，甚至得意忘形，口沫橫飛的高談闊論，一副小人得志的樣子，毫無威儀可言，也是為人所不屑。

六、**怒時咆哮，表情難看**：人在生氣的時候，表情已經非常難看了，有的人還會暴跳如雷，罵東罵西、罵你罵他，那種咆哮怒罵的表情，只會讓人覺得你修養不夠，更加看不起你，這都是不知自我節制所招引的結果。

七、**懶散懈怠，姿態難看**：一個人衣冠整齊、端莊正直，平時出現在人前都是精神抖擻，容光煥發，自然讓人樂於親近；反之，平時懶散懈怠，精神萎靡，對什麼事都提不起興趣，走路垂頭喪氣，衣著邋遢，一副疲倦無力的樣子，不但姿態難看，前途也很難被人看好。

八、**齷齪猥瑣，形容難看**：做人應該正大光明、心胸磊落，走路昂首闊步，信心十足，如此才能贏得別人的尊敬。但是有的人生性拘謹放不開，舉止庸俗不大方，形容鄙猥瑣屑，這種人自覺卑下，也很難讓人對他心生好感。

難看，就是不好看的意思。人都希望求美、求好，所以做人先要學習讓人看你很順眼，千萬不要做一個難看的人。

顛倒

各位讀者，大家吉祥！

佛教有一句話說：「顛倒眾生」。顛倒就是不正常的意思，沒有順序，不依大小，不定高低，甚至倒果為因；當一切都陷入不正常的狀態，就成為顛倒的眾生，過著顛倒的人生。

人生究竟有那些

顛倒呢？

一、日夜晨昏顛倒：白天工作，晚間休息，這是一般人正常的作息。但是有的人偏是夜晚精神抖擻，拼命工作，白天則懶洋洋，這是日夜顛倒。早晨應該早起上班，或者處理事務，黃昏應該下班休息，恢復體力，但是有人早晨不起，晚不休息，甚至到了夜晚，有的人還要吃喝玩樂，打牌跳舞，過著晨昏顛倒的生活。「日出而作，日落而息」，自古以來都是舉世共同的生活習慣，假如有人生活作息違反這種規律，就是顛倒。顛倒的生活就是與眾不同，沒有得到公眾認可，那就是不正常，就是顛倒。

二、輕重緩急顛倒：吾人在世，一定要與人共事、相處。說到做事，一定要有輕重緩急之分，有的事情要以急件優先處理，有的可以慢慢去做。是應該火速處理，還是要慎重從長計議，你能知道輕重緩急，則與人共事相處，必然容易獲得共識，步調也才能一致；如果與事理相違，大家認為你的想法顛倒，難以共事，則做人處事都會遭到非議，因此要有輕重緩急，不能顛倒。

三、苦樂認知顛倒：什麼是苦？什麼是樂？其實難有定準。你以讀書為苦，他以讀書為樂；你以做事為樂，他以做事為苦。有人希望先吃苦，後安樂；有的人先求享樂，不計未來將受苦果。過去中國的士大夫，十載寒窗，苦讀學習，就是希望求得一舉成名，苦盡甘來。但也有的富家子弟，將祖先遺留的財富，揮霍浪費，等到窮苦潦倒，懊悔已遲。世間人生，苦樂參半，苦中有樂，樂中有苦。若依佛法之說，生老病死，飢寒交迫，固然是「苦苦」；即使榮華富貴，可以呼風喚雨，仍然不免會「壞苦」；就算你有修養、有智慧，不以為苦，也不去縱欲為樂，卻仍然是「行苦」，因為會變異，不能永恆。苦樂本來是自然的，只是我們對苦樂的認知正確嗎？佛說「欲為苦本」，但有的人以欲為樂；佛說「涅槃解脫，人生第一」，但凡夫認為不切實際，反而捨棄，這些都是顛倒。

四、是非善惡顛倒：世間各種顛倒當中，最可怕的就是不分是非

善惡，以是為非，以非為是，以善為惡，以惡為善。道德應該是人生的根本，但有人認為道德空泛無稽；貪贓枉法，是惡事惡行，但他認為今朝有酒今朝醉，我行我素，不知道因果報應。所以顛倒之可怕，莫甚於此。

五、正邪好壞顛倒：世間最難論斷的是非，就是正邪，有的人是正人君子，偏受打擊毀謗，有的人是邪惡小人，偏是得逞。白居易的詩云：「周公恐懼流言日，王莽謙恭未篡時；向使當初身便死，一生真偽復誰知？」所以中國人說「蓋棺論定」，其實有些事蓋棺也不能論定，真正要洞徹道理，必須從因果、業力去評鑑，才能使正邪好壞還原。

六、空有執著顛倒：眾生最大的愚癡，就是對「空有」的執著。「空」是建設「有」的，但凡夫偏偏認為沒有；「有」是形相上的假有，但我們偏要認真。「空有」本來是一體的，所謂「色即是空，空即是色」，空有不二，但是因為凡夫執著空有，而讓空有成為對立。所以，吾人對真理的辨別、認知，不能不從「顛倒」中及早回頭。

魔在那裡

各位讀者，大家吉祥！

常聽人說：某人著魔了！某人走火入魔了！魔是什麼樣子？一般人想像中，魔就是青面獠牙，一副凶神惡煞的樣子。其實，美人計不是中魔了嗎？

魔，也不是一般人以為的，像是刀槍劍戟、毒藥刑具；甜言蜜語、口蜜腹劍，不也是中魔了嗎？魔，原來無形無相，也可以無所不像！魔就是破壞好事、妨礙善行、增加困難的一種反動的邪惡力量，那就是魔。

釋迦牟尼佛當初證悟成佛，有所謂「八相成道」，也就是經過八個階段，其中之一就是「降魔」。在佛陀修行的歲月中，他忽然感覺到身外的聲色貨利在誘惑自己，內心的煩惱欲念在鼓動自己；他覺察到內外魔力的侵略，驚覺必須要能降伏內外魔力，才能成道。

魔在那裡？這是有趣的問題，茲述如下：

一、魔在人間：人世間一半一半，善良的一半，邪惡的也有一半；光風霽月的景象只有一半，晦暗不明的地方也有一半。佛的世界也是只擁有了人間的一半，另外一半的世界就是由魔所統領了。人間永遠在鬥爭，人與自然、人與環境、人與天災，甚至人與人之間利害衝突，都在戰鬥。如何用善良的佛心，打敗邪惡的魔境？先要靠我們的智慧認識誰是佛？誰是魔？總不能把佛當魔、把魔當佛！認識了佛與魔的不同，你走遍世間，佛眼看的世界，都是佛的世界，魔眼看的世界，都是魔的世界。人間是佛與魔共有的，你自己本身是佛界的人呢？還是魔界的分子呢？

二、**魔在家裡**：人間的魔，其多無比，教人眼花撩亂，不容易看出，不過縮小範圍來說，魔就在我們的家裡。父母親人給我們因緣，幫助我們成就，是我們的恩人；但是，偶而遇到一些不盡明白情理的父母親人，他障礙我們的成長，阻礙我們的學習，讓我們志不得酬、力不能展。他只用自己的一套思想理念來束縛你，例如你想就讀什麼學校，必須聽取父母家人的意見；你要男婚女嫁，也要聽從父母家人之言。你要做善事，他不以為然；你存好心善念，他能改變你的初衷。所以，家人是佛菩薩，但也是我們魔難的因緣。

三、**魔在身旁**：魔在那裡？魔就在我們的身邊！師長朋友，非常嚴厲的訓示我們，教誡我們，可能是我們的增上緣；滿面笑容、滿口甜言蜜語，結果笑裡藏刀，也可能是魔在伺機加害吾人的善念慧命。

我們不要以為魔一定就在我的對面，魔也許就在身邊！「禍起蕭牆」不就是因為魔在我們的身邊嗎？

四、魔在心中：魔居住的地方，一般說都是在世界各地流竄；但是魔的大本營，還是在我們的心中！我們每日行住坐臥之間，我們的起心動念之際，有時候覺得自己是「天人合一」，那是因為沒有魔的干擾；假如感覺內心在「天人交戰」，那就是魔已經在伺機陷害你了。吾人心裡的六大煩惱：貪欲、瞋恚、邪見、驕傲、嫉妒、欲染，都是內心的魔界，你有覺察到嗎？

權力

各位讀者，大家吉祥！

人都希望支配別人，這就是一種「權力欲」。權力人人喜愛，男人要權力，女人也要權力，甚至一個家庭裡，為了掌控經濟大權，父母兄弟姊妹彼此互不相讓，可見權力的重要。

人間有那些權力呢？

一、上天的權力：天可以颳風，可以下雨，可以雷電交馳，可以陽光普照。雖說「上天有好生之德」，但是只要老天一發威，地動山搖，海嘯洪澇，天也可以使萬物毀滅。所謂「天威難測」，因為天的權力如此之大，所以人民都說「靠天吃飯」，都希望得到「蒼天庇佑」。天是什麼呢？天就是大自然，大自然有無限的權威；敬天愛護自然，就是愛護自己。

二、神明的權力：天與神是分不開的，有的本來是上天的權力，有時也用神明來代表上天。如風神、雨神、雷神、電神、山神、海神等；凡是大自然有威力的，都有神。神有神威，神有神力，所以敬天尊神，這是人類傳統的想法。但現在人們對神明的觀感好像也在改變，想像中，愛有愛神，恨有怒神。天上住的人，天神下凡；草木成精，草木也可以成神。所以在世界各地，有以石頭為神明，有以大樹為神明，有以土地為神明，有以物體為神明者。人想要結婚，就求助於月下老人，月下老人就是神；人想讀書，希望聰明開智慧，就需要文昌帝君來幫助，文昌帝君就是神。人想發財，就有一個財神爺；人要境內平安，就有一個土地公。人創造了自己所需要的神，人創造神，因此神權就控制了人。

三、君主的權力：世間上的權力之施行，自古以來影響最大的，就是君主的權力。「君叫臣死，臣不得不死」，君主手操生死大權，一個君主可以任意殺他幾千幾萬人，視為平常之事。事實上，君不應該有生殺大權，生殺大權應該是法制的，只是人民的奴性，硬把生殺大權交到君主手中，讓君主獨裁專制，橫行霸道。自古的昏庸之君，殘害忠良，草菅人命，我們雖然討不回來，但是由於君權濫殺無辜，所以皇權總不能長久。

四、人民的權力：人民的權力，古已有之，但是要以優秀為準。歷史上，成功的人都可以成神，如孔子、岳飛、鄭成功、蔣中正、毛澤東等，現在都已經是神了。他們有奉祀的廟堂，有崇拜的信徒，但這畢竟只是很少數的人。不過現在一般的人民，所謂爭取自由民主，當今舉世幾乎每個國家的人民，都可以當家作主，尤其選舉時，沒有人民的一票，不管是總統、總理，都無法產生。

五、眾生的權力：時代的發展，現在一切眾生都在爭取權利，不再任人宰割。例如，牛馬不可以虐待，不可以讓牠工作超重、超時；雞鴨即使要宰殺，也不可以倒提，或是把牠關在擁擠的籠子裡。甚至屠夫殺豬，也講究無痛宰殺，不可以讓牠痛苦。鳥在天空飛，魚在水中游，昆蟲在地上爬，只要牠們在自己的生活範圍內，人類都應該尊重牠們的權力。美國的黃石公園，熊睡在路上，車輛經過不敢驚擾牠，因為那是牠的地盤；鳥在樹上休息，半夜天未亮，時間不到不可以吵醒牠。

未來的世界，真如佛法所說：大地眾生皆是平等！的確，權力本來就應該是公平的。

權衡

各位讀者，大家吉祥！

做人要明辨善惡、分別是非、知道好壞、權衡得失，無論什麼事，沒有加以審思、明辨、了解、權衡，就會有差錯；凡事能夠權衡一番，探討個究竟，自有百利而無一害。

當然，所謂「權衡損益，斟酌濃淡」，這是因為世間法沒有絕對的利弊、好壞，所以只能「兩權相害取其輕」。但是出世間法的因果、真理，則是無法權衡的，只能擺在第一位，所以本文所講的「權衡」之道，只是就世間法的一些常識略論之。

一、**權衡輕重**：事有輕重緩急，不能不加以權衡。每天早晨忙著

送兒女上學，父母在病榻上呻吟，卻無暇顧及。送兒女上學重要，還是送父母就醫重要呢？這就需要權衡一番了。今天有重要客人來訪，因為自己要上街購物，不能在家裡恭候客人到來。上街購物重要，還是客人來訪重要呢？對於事情的先後、輕重，也應該權衡一番。父母準備了豐盛的晚餐，希望全家團聚，可是兒女說他和同學約好聚餐，所謂「順了姑意，逆了嫂意」，你如何權衡呢？一些家庭裡婆媳不和，大都是媳婦以丈夫為重，以婆婆為輕，因為輕重沒有權衡好，所以會產生不良的後果。

二、權衡是非：世界上，有人的地方就有「是非」。明明見到了，他說沒有；沒有見到，他說見過了。「是」的，他說「非」；「非」的，他說「是」。捏造是非，傳播是非，繪聲繪影，像是煞有介事，於是一些不明就裡的人聽到這些是非，不免為是非所迷惑。是非說多了，就變成真理。有人說：「曾子殺人」，曾子的母親絕對不信。當第二次有人來說：「曾子殺人」，母親仍然不信。但是第三人再來傳播這種訊息時，連對兒子最為信賴的母親，也不禁動搖了信心，問道：「在那裡殺人？」是非謠言就是這麼可怕，如果沒有判斷、權衡是非的能力，本來是「一架」飛機轟炸重慶，第二個人說就是「十一架」，到了第三個人就被說成「九十一架」。所以對於是非，必須懂得權衡判斷，才不會被人牽著鼻子走。

三、權衡利弊：人出生到世間上來，有個人的「別業」，也有與大眾的「共業」關係。家人的共業、社會的共業、整個人類的共業，所謂「共業」，就是說明人與人之間，彼此不會沒有關係。我說一句話，做一件事，都與別人有關係，因此我就不能不權衡我的話，對人是有害、無害？我的一件事，對人是有利、無利？懂得權衡利弊，才不致於讓我們的言行失之偏頗。

四、權衡好壞：世間事都有好壞、善惡，如果不加以分辨、權衡，以善為惡，以惡為善，以好為壞，以壞為好，這就是對事情判斷不清，不能明白權衡之道。一件事情，前因後果，來龍去脈，都能洞察、明辨，才能還原事情的真相，才能對好壞善惡有所權衡，而不致於糊塗從事，所以懂得權衡之道，才有明智之舉。

用容顏表達歡喜，用雙肩擔當責任，
用微笑美化人生，用胸懷包容一切。

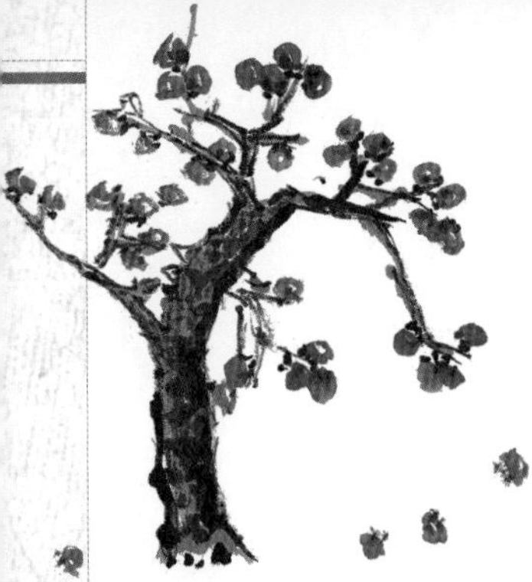

愛語如春風，好言如冬陽，
真心如光明，慚愧如瓔珞。

我看花，花自繽紛，我見樹，樹自婆娑；
我覽境，境自去來，我觀心，心自如如。

國家圖書館出版品預行編目資料

向自己宣戰／星雲大師著. --初版. --臺北市：
香海文化, 2009.03　面；　公分. --（人間萬事. 5, 道德觀）
ISBN　978-986-6458-04-0（精裝）
1.佛教說法
225　　98000486

人間佛教叢書
人間萬事❺道德觀

向自己宣戰

作　　者／星雲大師
發 行 人／慈容法師（吳素真）
主　　編／蔡孟樺
繪　　者／小魚
資料提供／佛光山法堂書記室
責任編輯／高雲換
美術編輯／蔣梅馨
書盒設計／蔣梅馨
封面設計／陳柏蓉（特約）
校　　對／周翠玉・王素昭・張澄子・陳蕙蘭

出版・發行／香海文化事業有限公司
地址／24150台北縣三重市三和路三段117號6樓
11087台北市信義區松隆路327號9樓
電話／(02)2971-6868
傳真／(02)2971-6577
郵撥帳號／19110467 香海文化事業有限公司
http://www.gandha.com.tw
e-mail:gandha@ms34.hinet.net

總經銷／時報文化出版企業股份有限公司
地址／235 台北縣中和市連城路134巷16號
電話／(02)2306-6842
法律顧問／舒建中、毛英富
登記證／局版北市業字第1107號
ISBN／978-986-6458-00-2
十二冊套書／原價3600元　典藏價2500元
單本／定價 300元　典藏價 199元
2009年3月初版一、二刷 2009年8月三刷 2009年12月四刷
2013年5月初版五刷